Die UFO-Connection

Zum Buch
Andreas von Rétyi geht einer erstaunlichen Häufung von Fällen nach, in denen hochrangige Militärs, wichtige Regierungsfunktionäre und Wissenschaftler plötzlich verschwanden, Verleumdungskampagnen ausgesetzt wurden oder gar gewaltsam zu Tode kamen. Er stellt erschreckende Zusammenhänge zwischen diesen Unglücksfällen her. Doch damit nicht genug: Auch die Vertuschung und Verleugnung hochbrisanter Fakten läßt sich nachweisen. Aus zahlreichen belegbaren Fällen baut der Autor eine schier unfaßbare Indizienkette auf. Und es stellt sich die bange Frage: Gibt es ein mörderisches Cover-up, dessen einziges Ziel darin besteht, das Schweigen über die Präsenz außerirdischer Lebensformen auf unserem Planeten zu bewahren?

Zum Autor
Andreas von Rétyi, geboren 1963 in München, ist seit Jahren als Schriftsteller und naturwissenschaftlicher Sachbuchautor mit dem Schwerpunktthema Weltraumwissenschaften tätig. 1996 übernahm er die Stelle als Chefredakteur bei der führenden deutschen Monatszeitschrift UFO-Kurier. Zudem ist er Mitglied der Planetary Society, der Ancient Astronaut Society und der International Association of the Astronomical Arts.

Andreas von Rétyi

Die UFO-Connection

Was verheimlichen uns Regierungen,
Wissenschaft und Militärs?

Econ Taschenbuch Verlag

Dieses Buch entstand durch Vermittlung von Ulrich Dopatka.

Veröffentlicht im Econ Taschenbuch Verlag
Der Econ Taschenbuch Verlag
ist ein Unternehmen der Econ & List Verlagsgesellschaft
Originalausgabe
© 1998 by Econ Verlag GmbH, Düsseldorf und München
Umschlagkonzept: Büro Meyer & Schmidt, München – Jorge Schmidt
Umschlagrealisation: Init GmbH, Bielefeld
Titelabbildung: AKG, Berlin
Gesetzt aus der Sabon, Linotype
Satz: Josefine Urban – KompetenzCenter, Düsseldorf
Druck und Bindearbeiten: Ebner Ulm
Printed in Germany
ISBN 3-612-26306-4

Inhalt

Teil I: Das geheime Netzwerk 7

Der Wahrheit zu nahe? 7

Eine kurze Geschichte des UFO-Phänomens:
Die Zeit vor Roswell 17

Ein Zwischenfall und seine Folgen:
Der Beginn der modernen UFO-Ära 31

Beweismangel? 48

Verblüffende Erlebnisse, verläßliche Zeugen 61

Geheime Dokumente. 78

Verbotene Zonen. 100

Die verborgene Regierung 110

Teil II: Wenn Menschen verschwinden 118

Von UFOs entführt? 118

Der Fall »Haley«. 126

Was geschah in Simpson Springs? 132

Das Rätsel von Woronesch 137

Unheimliche Vorgänge in Puerto Rico 149

Teil III: Auswerg Mord? – Mysteriöse Todesfälle und die UFO-Connection. 158

Das mysteriöse Ende von James V. Forrestal 158

Todesserien 164

Zwischenfall in Varginha. 175

Verstümmelte Menschen 186

Literatur 198

Teil I: Das geheime Netzwerk

Der Wahrheit zu nahe?

Wir alle wissen, daß uns das Leben wirklich immer wieder merkwürdige Wendungen bescheren kann, daß wir gelegentlich mit Ereignissen konfrontiert werden, mit denen wir ursprünglich nie gerechnet hätten. Solche Tage stehen nicht im Kalender, um so massiver prägen sie sich unserem Gedächtnis ein.
Ein derart ungewöhnliches Datum war auch jener Donnerstag im Oktober des Jahres 1979. Er begann als ruhiger Morgen im Brown Veterans Administration Hospital in der amerikanischen Stadt Dayton, Ohio. Im Zahnlabor der Klinik gab es nicht viel zu tun. Nichts außer einiger Routinearbeit. Das Labor war von einem Techniker besetzt, der zusammen mit einem Kollegen ein Strahlungsleitsystem entwickelt hatte, dessen Zweck und Aufgabe darin bestand, die Strahlungsbelastung von Patienten, die einen frischen Zahnersatz bekamen, möglichst gering zu halten.
Alles ging seinen gewohnten Lauf.
Der merkwürdigere Teil der Geschichte begann, als der Personalchef des Krankenhauses den Raum betrat, mit einem auffallend sorgfältig verpackten Behälter in der Hand. Er öffnete ihn und übergab dem Techniker vorsichtig den Inhalt. Zunächst konnte John Mosgrove nicht erkennen, was ihm da überreicht wurde, denn sein Chef hatte den Gegenstand wohl verkehrt herum in seine Handfläche gelegt; offenbar aber handelte es sich um den Zahnabdruck eines Unterkiefers. Mosgrove sollte einen Studienabguß davon anfertigen, eine Arbeit, die er freilich schon vielfach in routinemäßiger Weise durchgeführt hatte. Wahrlich nichts

Besonderes. Der Personalchef machte allerdings mehr als deutlich, daß die Angelegenheit mit absolutem Vorrang zu behandeln sei, und diese Bemerkung ließ Mosgrove doch einigermaßen stutzig werden. Warum betonte der Chefarzt die Dringlichkeit und Bedeutung dieses Auftrages so sehr? Natürlich machte sich Mosgrove sofort an die Arbeit – er hatte allerdings nicht die leiseste Ahnung, welche Konsequenzen dieser Gegenstand mit sich bringen und welche Kette von Ereignissen er auslösen sollte. Als er das Modell fertiggestellt und gereinigt hatte, wurde ihm jedoch schlagartig klar, daß er etwas wirklich Besonderes und Einmaliges vor sich hatte.

Nur, was war es?

In seinen Händen hielt er tatsächlich einen Unterkiefer, allerdings war dies alles andere als der Unterkiefer eines Menschen oder Tieres. Mosgrove hatte nie zuvor ein vergleichbares Objekt gesehen. Der Knochen war verhältnismäßig klein, die beiden Seiten liefen in einem spitzeren Winkel auf die Vorderseite zu, als das bei einem Menschen normalerweise der Fall ist. Entsprechend eng fiel der Innenraum für die Zunge aus. Vielleicht hätte die Zunge einer Echse hineingepaßt? Spätere Untersuchungen durch Fachleute zeigten, daß höchstens eine gewisse Ähnlichkeit zum Kiefer eines Lemuren, eines Halbaffen bestand, aber keine wirkliche Übereinstimmung.

Als er den gerade fertiggestellten Abguß des fremdartigen Unterkiefers begutachtete, spürte Mosgrove, wie er unruhig wurde: »Zuerst war ich schon aufgeregt, aber als mir klar wurde, daß das Realität war, gewann Furcht die Oberhand, Furcht vor etwas, von dem ich nichts wissen sollte«, so erinnert er sich. Und er hatte recht. Denn eigentlich sollte er wirklich nichts davon wissen.

Als der Chefarzt später wieder hereinkam, nahm er die Kieferplastik und legte sie auf die Arbeitsfläche. In diesem

Augenblick schoß es dem Techniker durch den Kopf, daß er unbedingt einen weiteren Abguß von diesem Objekt bekommen müsse. Der Arzt schien Mosgrove die Gedanken von der Stirn abzulesen, denn im selben Moment nahm er den ursprünglichen Abdruck in die rechte Hand, drückte fest zu und warf die nunmehr wertlosen Bruchstücke in den Müll. Dann wandte er sich Mosgrove zu und gab ihm zu verstehen: »John, Sie haben niemals daran gearbeitet, Sie haben es nie gesehen und werden nie darüber berichten!« – So deutlich und eindringlich diese Worte auch waren, so nachdenklich sie auch stimmten, so gefahrvoll sie auch klangen – sie machten ebenso neugierig. Was ging hier vor sich, hier, im unscheinbaren Brown Veterans Hospital von Dayton, Ohio?
Der Arzt nahm den geheimnisvollen Abguß an sich und verließ das Labor. Mosgrove konnte nicht anders, er mußte einfach versuchen, ihn unbemerkt zu beobachten. Durch ein kleines Fenster in einer Tür verfolgte er die Aktionen seines Chefs und wurde Zeuge einer interessanten Begegnung. Er sah, wie der Arzt den mysteriösen Abguß zwei Militärangehörigen übergab! Einer von ihnen war ein Major, der andere ein Lieutenant Colonel. Mosgrove stutzte einen Augenblick lang. Die Gesichtszüge des Colonel kamen ihm bekannt vor. Mit ziemlich großer Sicherheit hatte er diesen Mann früher schon einmal gesehen, entweder im Brown Veterans Hospital oder aber auf der nicht weit entfernten Wright-Patterson-Luftwaffenbasis. Was aber wollte man dort mit einem solchen Kiefer anfangen? Welche militärische Bedeutung konnte ein solcher Abguß haben!?
Mit diesen Fragen kehrte Mosgrove in sein Labor zurück.
Im Abfall lagen immer noch die Überreste des Abdrucks, der vom Kiefer jenes unbekannten, mysteriösen »Wesens« gemacht worden war und von dem Mosgrove das Modell gefertigt hatte. Es wäre wohl ein hoffnungsloses Unterfan-

gen, die Trümmer wieder zu einem ganzen Stück zusammenfügen zu wollen. Doch einen Versuch war es in jedem Falle wert.

Der Techniker leerte den Behälter aus und sammelte alle Einzelteile des Abgusses fein säuberlich auf. Er nahm sie sich als »Hausaufgabe« mit – und hatte nach vier Tagen mühseliger Arbeit endlich wieder alle Bestandteile dieses unheimlichen Puzzles zusammengefügt, um erneut ein Modell zu gießen. Natürlich konnte dieses Modell nicht so perfekt werden wie dasjenige, das er von seinem Chef erhalten hatte. Aber immerhin stimmte es in den Grundzügen und etlichen Details mit dem Original gut überein.

Der Kiefer besaß kaum mehr Zähne. Nur im hinteren Bereich war auf jeder Seite jeweils ein molarenähnlicher Zahn (Backenzahn) übrig, außerdem in der Vorderpartie, relativ genau in der Mitte ein weiterer, oben abgeflachter Zahn.

John Mosgrove hatte den Eindruck, daß »diese Person, oder was immer das war, in einen schrecklichen Unfall verwickelt war, oder von etwas getroffen wurde ... Dieses Ding hatte einen schrecklichen Schlag ins Gesicht erhalten, als wäre es in irgend etwas mit Gewalt hineingeknallt. Der Hauptanteil der Kraft, die das Gesicht traf, muß mehr im oberen Bereich als weiter unten gewirkt haben. Dadurch wurden die Zähne ausgeschlagen, ohne daß der Kiefer brach ...«

Schon bald drängte sich Mosgrove ein unheimlicher Verdacht über die Herkunft des Abdruckes bzw. die Natur des Lebewesens auf, von dem er genommen worden sein mußte. Es schien nicht von dieser Welt zu sein!

Mochten etwa am Ende die Gerüchte stimmen, daß das Militär bereits vor Jahren und Jahrzehnten außerirdische Wesen geborgen hatte und seitdem unter höchster Geheimhaltung vor den Augen der Öffentlichkeit verschließt? Anfang der neunziger Jahre nahm Mosgrove Kontakt zu amerikanischen UFO-Forschern auf, vor allem zu dem weithin bekannten Leonard Stringfield aus Cincinnati, Ohio, der sich über die Jahre hinweg auf das höchst umstrittene Thema der UFO-Abstürze und Bergungsaktionen durch Militäreinheiten spezialisiert hatte. Stringfield hat sich ausführlich mit Mosgroves Erlebnissen beschäftigt und erhielt von Mosgrove auch einen Abdruck des Kiefers. Mehr und mehr kam er zu der Überzeugung, daß dieses Gebilde niemals mit einem Menschen oder Tier in Verbindung gebracht werden könne, sondern mit nichts anderem als einem völlig fremden, außerirdischen Wesen. Nach Stringfields Tod im Dezember 1994 setzte der Journalist Carl Day dessen Recherchen zu dem Fall intensiv fort. Im Februar 1995 interviewte er Mosgrove unter dem Pseudonym »Jack Smith« vor laufender Kamera, um die Ereignisse noch einmal festzuhalten und für ein größeres Publikum Revue passieren zu lassen.

Der Kiefer war bis zu diesem Zeitpunkt von Ärzten, Anthropologen, Archäologen und anderen Experten genauestens unter die Lupe genommen worden, ohne daß auch nur einer von ihnen eine »irdische« Erklärung fand. Im übrigen war bisher jeder, der Mosgrove persönlich kennenlernte, von dessen Ehrlichkeit und Integrität überzeugt. Sicherlich trug dazu auch bei, daß der mittlerweile annähernd siebzigjährige Mann seit Jahren zu seiner »Geschichte« steht und gleichzeitig nie versucht hat, seine eigene Überzeugung der außerirdischen Natur des Unterkiefers durchzusetzen. Vielmehr gibt er unumwunden zu, daß er letztlich nichts wisse.

Doch in den Jahren, seitdem jener Personalchef das Labor Mosgroves betrat, haben sich zahlreiche sehr ungewöhnliche Ereignisse abgespielt, die eben jene »außerirdische Erklärung« durchaus nahelegen und uns immerhin einen ersten Eindruck dessen vermitteln, womit Zeugen rechnen müssen, die mehr oder minder zufällig, mehr oder minder deutlich in geheimdienstliche oder militärische Aktionen verwickelt werden, deren Hintergründe ganz offenbar mit UFOs und Außerirdischen in Verbindung stehen. Und in zunehmendem Maße kristallisiert sich auch für den »Fall Mosgrove« heraus, daß derartige Hintergründe wohl tatsächlich bestehen.

Im Oktober 1996 führte der amerikanische UFO-Forscher Michael Lindemann ein interessantes Gespräch mit Mosgrove, in dem er über eine ganze Reihe merkwürdiger und nicht gerade angenehmer Vorfälle berichtet, wie sie sich nach seinem Erlebnis von 1979 ereigneten. So machten ihm bald Vertreter der US-Regierung klar, daß er zuviel rede. Gerade im Jahr 1982 hatte er begonnen, sich intensiv mit Fragen um UFOs zu beschäftigen und sprach recht viel über seine Ansichten.

Genau zu jener Zeit wurde eines Morgens etwa gegen Viertel nach vier, so erklärt Mosgrove, auf sein Haus geschossen. Ein Vorderfenster des Gebäudes ging dabei zu Bruch. Die Polizei fand den Täter nie. Natürlich konnte Mosgrove einen Zusammenhang mit seinem Wissen über den außergewöhnlichen Kiefer in keiner Weise belegen, doch fügt sich der gefährliche frühmorgendliche Zwischenfall in eine ganze Kette weiterer schicksalhafter Ereignisse in Mosgroves Leben, die das deutliche Gefühl vermitteln, irgend jemand wolle ihn systematisch zerstören. Dafür sprechen auch zeitliche Übereinstimmungen.

Nach dem Fernsehinterview mit dem Journalisten Carl Day verlor Mosgrove seltsamerweise seinen Job. Zufall? Schon wieder? Das wäre in der Tat doch ein wenig seltsam. Schließlich kam die Behauptung auf, Mosgrove habe eine Frau sexuell belästigt. Er sollte ein Geständnis unterschreiben, doch weigerte er sich. Wie er erklärt, hatte er die Frau nie im Leben gesehen – »Ich war so aufgebracht, ich weinte. Ich kann nur mit meiner Frau darüber sprechen ... Ich habe so etwas nie getan!«

Im Verlauf des Gesprächs vom Oktober 1995 stellte Lindemann dem Zeugen und Opfer Mosgrove eine Reihe sehr wesentlicher Fragen, zum Beispiel auch, warum er glaube, daß das Militär einen so ungewöhnlichen Gegenstand nicht selbst untersucht, sondern einem Zivilisten in einem nichtmilitärischen Hospital zur Bearbeitung übergeben habe. Dies scheint tatsächlich nicht so recht verständlich, und auch Mosgrove war sich nicht völlig im klaren über Sinn und Nutzen einer solchen Aktion, die er als »verdammt ungewöhnlich« bezeichnete, besonders, da das Militär ja schließlich »ein Zahnlabor direkt dort auf der Basis unterhalte, eine schöne, große Klinik«. Nur habe es auf der Wright-Patterson-Basis (WPAFB, Wright Patterson Air Force Base) bereits so viel Gemunkel über dort verwahrte außerirdische Wesen gegeben, daß jedermann hellhörig sei. Hätte der innerste Zirkel der Geheimhaltung auf der Basis den fremdartigen Unterkiefer einfach ins dortige Labor gebracht, wäre gewissermaßen eine Bombe geplatzt. Im Brown Veterans Hospital hingegen würde wohl niemand sogleich auf die Idee kommen, ein faktisch außerirdisches Relikt in Händen zu halten. Nun, ob diese Interpretation der Beweggründe des Militärs, die zivile Klinik und Mosgrove als Bearbeiter des Unterkiefers unbekannter Herkunft auszuwählen, wirklich zutrifft, läßt sich ganz gewiß nicht sagen. Eigentlich sollte das Militär über andere Möglichkeiten verfügen, dermaßen spezielle Objekte zu behandeln. Offenbar aber war man auf WPAFB tatsächlich für Geschichten über außerirdische Wesen deutlich sensibilisiert.

Bruce Phillips, ein Zahntechnikerkollege Mosgroves, der auch genaue Untersuchungen in dem Fall angestellt hat, war in den Jahren zwischen 1971 und 1975 auf der Wright-Patterson-Basis stationiert und arbeitete seiner Profession entsprechend in der zahnmedizinischen Abteilung der Klinik auf WPAFB. Zu jener Zeit konnte oder wollte sich Phillips nicht so recht vorstellen, daß all die Gerüchte und Geschichten zum Thema UFOs und außerirdische Leichname vielleicht doch einen wahren Kern haben sollten. Er war weit mehr Skeptiker als in irgendeiner Form Anhänger der UFO-Idee. Doch mußte er unterschwellig doch neugierig genug geworden sein, Fragen darüber zu stellen, wenn auch eher im Scherz. Irgendwann im Jahr 1974 – an das exakte Datum vermag Phillips sich nicht mehr zu erinnern – kam ein Offizier, ein Major, in den Behandlungsraum, um eine simple Zahnreinigung durchführen zu lassen. Phillips hatte in der örtlichen Zeitung gerade einen Artikel gelesen, der sich mit eben jener Frage befaßte, ob denn vielleicht doch außerirdische Wesen auf WPAFB verborgen gehalten und erforscht würden. Und da jener Major gerade aus der verdächtigten Abteilung der Basis stammte, entschloß er sich, einmal scherzhaft nach den Außerirdischen zu fragen: »Was hat es mit den kleinen grünen Männchen auf sich, die Sie angeblich versteckt halten sollen? Ist da irgend etwas Wahres dran?« fragte er den Officer in einem eher belustigt herausfordernden und kaum sonderlich ernsten Ton. Doch die Reaktion des Majors muß Phillips doch einigermaßen überrascht haben. »Er bekam ein wirklich ernstes Gesicht«, so erinnert er sich, »schaute zu mir herüber und sagte: ›Ich werde nicht sagen, daß es wahr ist, und ich werde definitiv nicht sagen, daß es nicht wahr ist.‹ – Er war völlig ernst. Warum er das zu mir gesagt hat, ich habe keine blasse Ahnung. Ich denke, er wollte es jemandem sagen. Das ist das einzige, was ich mir vorstellen kann. Ich sagte: ›Können Sie mir noch ein kleines bißchen erzählen... Meinen Sie es ernst?‹, worauf er erwiderte: ›Das ist wirklich alles, was ich sagen kann.‹« Phillips war verwirrt. Also doch! Konnte das stimmen? Was ging hier vor sich?

»Sie sagen also, daß wenn die Sache definitiv nicht wahr wäre, Sie erklären würden, daß sie nicht wahr ist. Und er

sagte ›Ja‹. Ich konnte einfach nicht glauben, was ich da hörte. Wirklich.«
Für Phillips war das einfach unverständlich und dennoch absolut klar in der Aussage. Und er war sich sicher, daß der Major es ernst meinte, genauso, wie er es sagte. Er konnte nicht zugeben und eindeutig bejahen, daß die Gerüchte stimmten, doch erklärte er auch nicht das Gegenteil. Hätten aber die Gerüchte nicht den Tatsachen entsprochen, dann hätte er dies auch durch ein deutliches »Nein« zum Ausdruck gebracht. In Wirklichkeit antwortete er in der typischen Weise, in der auch zahlreiche Anfragen interessierter Bürger unter dem sogenannten Freedom of Information Act (FOIA, Gesetz zur Informationsfreiheit) von offiziellen Stellen beantwortet werden.
Unter bestimmten Vorraussetzungen können bekanntlich auch Zivilisten – nicht nur US-Bürger, sondern praktisch alle Privatleute – Dokumente von staatlichen US-amerikanischen Behörden erhalten. Auf diesem Wege wurden zahlreiche Anfragen zu UFO-relevantem Material an Militär, Geheimdienste und die Regierung gerichtet. Meist erhält man kurze Standardbriefe oder aber erst nach langer Zeit Informationen. Man muß den genauen Namen eines Dokuments oder Projekts kennen, um überhaupt mit einem Erfolg rechnen zu können. Dann wird beispielsweise überprüft, ob das betreffende Schriftstück einer Geheimeinstufung unterliegt oder z. B. die darin enthaltenen Informationen bei Preisgabe an die Öffentlichkeit die nationale Sicherheit oder die Privatsphäre einer darin eventuell genannten Person gefährden könnten usw. Jedenfalls gibt es, einmal im Klartext gesprochen, für die Behörden genügend Möglichkeiten, eine Freigabe trotz FOIA zu umgehen. Und Begleitschreiben zum UFO-Thema enthalten zumeist Aussagen wie »Wir können weder bestätigen noch abstreiten, daß Informationen über... existieren oder nicht existieren«. Fast genau

diesen Weg der Beantwortung unangenehmer Fragen wählte auch der Major, den Phillips eigentlich in recht ahnungsloser, blauäugiger Manier auf das Thema angesprochen hatte; nur daß dessen Bereitschaft grundsätzlich doch etwas größer war; die Bereitschaft, dem Zahntechniker einen »Tip« zu geben.

Interessant war auch die Aussage des Chefarztes, der Mosgrove damals den geheimnisvollen Abguß übergab. Viele Jahre nach jenem Vorfall rief Mosgrove bei diesem Mediziner an, der nun in einem Krankenhaus in Chicago arbeitete, und fragte ihn nach dem Ursprung des Unterkiefers. Aus der Antwort scheint die Bedeutung des Gegenstandes indirekt recht klar hervorzugehen. Wenig angetan von Mosgroves Anliegen, erwiderte der ehemalige Vorgesetzte: »Kein Kommentar. Ich arbeite immer noch für die [US-]Bundesregierung.« – Keine Antwort ist auch eine Antwort! Zwar wissen wir über den Ursprung des »Mosgroveschen Unterkiefers« bis heute nichts und können nur einige Spekulationen darüber anstellen, doch legen sowohl die Charakteristika des Objekts als auch zahlreiche Begleitumstände des Falles recht deutlich seine außerirdische Natur nahe.

Der »Fall Mosgrove« ist alles andere als ein kurioser Einzelfall. Vielmehr ist er ein typisches Beispiel, ein Paradefall, der augenfällig demonstriert, wie ernstzunehmende und entsprechend unbequeme Zeugen diskreditiert oder gar ruiniert werden sollen. Der »Fall Mosgrove« läßt im übrigen tief blicken. Er deutet bereits an, daß das UFO-Thema sich nicht in Sichtungen undefinierbarer Lichter am Himmel erschöpft, nicht in vagen Mutmaßungen und unsinnigen Behauptungen einzelner, vielleicht geistig irritierter Zeitgenossen. Und dennoch ist dieser Fall freilich nur ein winziger Ausschnitt aus dem Gesamtspektrum; das Phänomen, das über die Zeit greifbarer geworden ist und durchaus eine beachtliche Anzahl physikalisch erfaßbarer Spuren hinterlassen hat, erweist sich für Insider als hochkomplexe und ebenso interessante, wahrhaft »phänomenale« Detektivgeschichte, die allerdings in ein beklemmendes und sinistres Netzwerk der Verschwörung eingebettet ist. Sie werden in diesem Buch überraschende und oft nicht ganz angenehme Fakten kennenlernen, deren finsterste Seiten paradoxerweise möglicherweise gerade am meisten dazu beitragen könnten, die Hintergründe des UFO-Weltphänomens zu erhellen, das uns nun bereits seit so vielen Jahren und Jahrzehnten beschäftigt. Schon die Anzahl der belegten Fälle und Zusammenhänge schließt das alleinige Wirken des Faktors »Zufall« mittlerweile aus. Vielmehr zeigt sich sehr deutlich, daß das Rad der Ereignisse von ganz anderen Kräften beeinflußt wird.

Eine kurze Geschichte des UFO-Phänomens: Die Zeit vor Roswell

Wer sich nur beiläufig mit UFOs befaßt, kann leicht zu der Auffassung gelangen, das Ganze sei eine recht neue »Modeerscheinung«, entstanden im Vorfrühling der Weltraumfahrt, zu einer Zeit, als uns, der Menschheit, unsere eigentliche Position im Weltall schon recht deutlich bewußt geworden war. Besonders in der Welt der Science-fiction hatte sich der Glaube durchgesetzt, daß in den Tiefen des Kosmos unzählige Planeten existieren, die ähnlich unserer Erde von intelligenten Lebensformen bewohnt sind. Von da war es kein weiter Schritt mehr hin zur Idee, diese »Brüder im All« könnten uns auch besuchen. Merkwürdig nur, daß alles so gut zusammenpaßte, daß die Fremden uns genau zu einer Zeit zu visitieren begannen, zu der wir von unserer Auffassung her, von unserem Weltbild und unserer Technologie, eine Grundlage für diesen Kontakt geschaffen hatten. Plötzlich, so hatte es zumindest für die Öffentlichkeit in den fünfziger und sechziger Jahren den Anschein, tauchten überall jene seltsamen unbekannten, meist scheibenförmigen Flugobjekte auf, die mit ihrer Besatzung offenbar von fernen Sternen zur Erde gekommen waren. Ein regelrechter UFO-Boom schien einzusetzen. Existierten diese »Fliegenden Untertassen« lediglich in der Phantasie einer weltraumbegeisterten Masse? Waren sie nichts als eine neue Form der Religion, die allwissende Heilsbringer aus den Fernen des Alls herbeisehnte? Massenhalluzinationen?

Wir wissen, daß die Antworten auf diese Fragen bis zum heutigen Tag höchst kontrovers ausfallen, wie überhaupt nahezu jeder Aspekt des UFO-Themas höchst kontrovers diskutiert wird. Die Erfahrung hat allerdings gezeigt, daß hier die größten Gegner auch die oberflächlichsten Untersucher sind. Wer sich ernsthaft mit dem Phänomen auseinandersetzt, um nicht zu sagen herumquält, wird auch den Ernst der Sache erkennen.

Doch bleiben wir erst einmal bei der eingangs angesprochenen Behauptung. Finden sich die zeitlichen Wurzeln des UFO-Phänomens wirklich erst in der Mitte dieses Jahrhunderts?

Um es kurz zu machen: ganz und gar nicht! Das UFO-Rätsel scheint im Gegenteil sogar so alt zu sein wie die Menschheit, es zieht sich gleichsam als roter Faden durch ihre Geschichte, in unterschiedlichsten Facetten und Erscheinungsformen. Und natürlich ist klar, daß wir selbst das Phänomen über die Jahrhunderte hinweg verändert haben, geprägt durch unser jeweiliges Weltbild, unseren Stand von Sprache und Wissen. Eine solche Entwicklung ist in keiner Weise außergewöhnlich. Genauso hat sich zum Beispiel unsere Auffassung der irdischen und kosmischen Gewalten geändert, von Blitz und Donner, Feuer und Sturm, dem Lauf der Sterne und Planeten am Himmel, Phänomenen wie Meteo-

ren, Kometen und Finsternissen; all dies hat sich ebenso über die Zeiten gewandelt, von »Göttern« oder göttlichen Zeichen hin zu erklärbaren Naturerscheinungen. Die Phänomene selbst aber sind unverändert dieselben geblieben.
So bleibt uns nun, aus alten Überlieferungen Hinweise auf eine weitere Konstante herauszufiltern, sehr vorsichtig, nicht durch gezielte Auswahl, sondern so objektiv wie eben möglich und mit einer offenen Haltung.
Es ist unfraglich schwierig, sich nicht in Überinterpretationen zu verlieren, ohne andererseits über bestehende Möglichkeiten hinwegzugehen. Doch in einigen Fällen sind die Hinweise so deutlich, daß sich ihnen niemand wird entziehen können, der dieser Thematik auch nur einigermaßen neutral gegenüber eingestellt ist.
Uralte Mythen und Überlieferungen sprechen von »Göttern«, Kulturbringern, die von den Sternen herabkamen, um den Menschen Wissen zu vermitteln. Ganze Abhandlungen und unzählige Bücher sind verfaßt worden über derartige frühzeitliche Begegnungen mit Fremden aus dem »Nirgendwo«.
Woher holten unsere Vorfahren ihre »Eingebung« über riesige metallene Himmelsvögel, Wagen am Himmel, fliegende Schilde?
Manch moderner Übersetzer altindischer Texte beispielsweise erklärt die nahezu unglaublichen Textpassagen über diverse Wunderwaffen und Weltraumstädte beinahe schon verzweifelt und wider besseres Wissen als früheste Formen der Science-fiction! Einige »primitive« Völker, die heute noch auf der Erde leben (natürlich könnte damit von einem anderen Standpunkt betrachtet die gesamte Erdbevölkerung gemeint sein), Völker, die erst sehr spät Kontakt mit der westlichen Zivilisation hatten, verfügen in manchen Fällen unerklärlicherweise über modernes Wissen.
Ein vielzitiertes Paradebeispiel: Der afrikanische Stamm der Dogon in Mali.

Zwei französische Wissenschaftler erforschten das Weltbild dieser erstaunlichen Volksgruppe jahrelang; dabei stellte sich heraus, daß die Dogon sehr genau über etliche astronomische Sachverhalte Bescheid wußten, besonders über das Sternsystem des Sirius. Sie wußten, daß der relativ nahe gelegene und daher scheinbar hellste Stern am Firmament von einem sehr leuchtschwachen Begleiter umkreist wird, dessen Materie ungeheuer dicht gepackt ist: einem weißen Zwergstern – dieses Objekt wurde erst gegen Ende des vorigen Jahrhunderts mit Hilfe eines leistungsfähigen Teleskops entdeckt.

Sirius B, so sein astronomischer Name, ist ein in sich zusammengesunkener Sternenrest, nicht so spektakulär wie ein Schwarzes Loch oder auch »nur« ein Neutronenstern, aber doch schon sehr beeindruckend. Dieser nur erdgroße Stern unterhält zwar keine nuklearen Reaktionen mehr in seinem Inneren, doch wird er noch lange von seiner aufgestauten Hitze leben und leuchten. Doch seine kleine Oberfläche erlaubt nur einer vergleichsweise winzigen Lichtmenge den Weg nach außen, und daher ist Sirius B fast nicht zu entdecken. Die Atome in ihm sind bei seinem Zusammenbruch zerstört worden, ihre Kerne liegen dicht an dicht in einem Nebel herrenloser Elektronen. Dieser stellare Sumpf ist so dicht gepackt, daß eine Kaffeetasse davon auf unserer Erde soviel wiegen würde wie hundert Luxuslimousinen.

Die Dogon wissen von diesem sonderbaren Stern. Sie geben auch die Bahn und Umlaufzeit des vergleichsweise winzigen Begleiters an.

Ein Zufall ist also auszuschließen, niemand konnte behaupten, daß es keinen tieferen Hintergrund hinter dem Wissen der Dogon gab. Doch woher hatten sie dieses Wissen? Die Erklärung schien schnell gefunden. Astronomen seien den Dogon in den zwanziger Jahren während der Expedition zu einer Sonnenfinsternis begegnet und hätten ihnen dabei ein wenig moderne Astronomie beigebracht. Die Dogon hätten dies alles sofort in ihre Mythologie einverleibt und als altes Wissen weitergegeben. Nur genügt diese Erklärung den Tatsachen nicht. Denn zu Ehren des Sirius-Begleiters veranstalten die Dogon alle sechzig Jahre (!) ein Fest, dessen Rhythmus an die Umlaufperiode des Sterns gebunden ist. Dabei fertigen sie Ritualmasken, die sie in Felshöhlen aufbewahren. Dummerweise besitzt das Fest eine jahrhundertealte Tradition. Die Dogon verehrten den Siriusbegleiter also offenbar bereits zu einer Zeit, als ganz bestimmt noch keine Astronomen auf Finsternisexpedition durch ihre Lande streiften! Wie die Dogon vielmehr selbst berichten, wurde ihnen das Wissen von einem kulturbringenden Wesen namens »Nommo« vermittelt, das von den Sternen gekommen sei.

Während Nommos Anwesenheit strahlte der Überlieferung zufolge am Himmel ein neuer Stern, den der malinesische Stamm als »Stern des Zehnten Monats« bezeichnete, ein temporäres Objekt am Himmel, wohl nicht ungleich dem berühmten Stern von Bethlehem. Und hier wie dort, in beiden Fällen, ist absolut rätselhaft, worum es sich bei diesen Objekten in Wirklichkeit gehandelt hat. Wir wollen hier gar nicht spekulieren, aber: Sind das nicht sehr merkwürdige Geschichten?

Und sie sind nur kurz angerissene Beispiele dafür, daß schon lange, sehr lange, ungewöhnliche und ungewöhnlich anachronistische Dinge auf unserem Planeten vorgehen, Geschehnisse, die nicht in den zeitlichen Rahmen und nicht in den Wissensstand des betreffenden Weltbildes passen. Ob dies nun die alten Stammesmythen und -überlieferungen sind, flugfähige »Vogelmodelle« mit Heckflossen und Höhenleitwerk, wie sie in präkolumbianischen Gräbern gefunden wurden, oder Texte der Bibel, welche selbst eingefleischte Skeptiker wie den Raketeningenieur Josef Blumrich zum

I. Das geheime Netzwerk

Schon in biblischen Zeiten haben Menschen technisch anmutende Schilderungen von ungewöhnlichen Himmelsobjekten und Begegnungen mit fremden Wesen abgegeben. Ein berühmter Bericht stammt vom Bibelpropheten Ezechiel, aus dessen präziser Darstellung der Raketeningenieur Blumrich dieses Fluggerät ableitete.

Umdenken gezwungen haben. Feuer zerteilt den Himmel, Rauch und Donner erfüllen die Luft, und Götter oder seltsame Männer in Gewändern aus Erz entsteigen kristallenen Kuppeln. Sollten wir da nicht weniger an Wunder als weit eher an Zeugnisse von einzelnen Begegnungen mit einer fortgeschrittenen Technologie denken? Jeder kann die Geschichte des Propheten Ezechiel/Hesekiel nachlesen, die im gleichnamigen Buch des Alten Testaments zu finden ist. Jeder kann sich selbst davon überzeugen, daß diese ungewöhnlichen Dinge vor weit über zweitausend Jahren aufgezeichnet wurden. Sie als reine Phantasie abzutun, wäre wohl doch zu einfach – dafür sind diese Überlieferungen viel zu schlüssig, viel zu logisch und präzise, trotz der gewaltigen Sprachbarriere, wie sie sich naturgemäß zwischen Einst und jetzt auftun mußte. Doch aus jeder Zeit, aus jedem Kulturkreis sind ähnliche Anomalien bekannt. In mittelalterlichen Chroniken ist von »fliegenden Mühlsteinen« oder schwarzen Kugeln und leuchtenden Sphären die Rede, auf Fresken in alten Klöstern finden sich gelegentlich befremdliche Darstellungen, die nicht nur bei phantasievoller Betrachtung an Raketengeschosse erinnern.

Es geht nicht darum, mit dem UFO-Phänomen ein neues Wunder zu produzieren, vielmehr kristallisierte sich in jüngerer Zeit heraus, daß dieses Phänomen ein ganzes dickes Bündel »alter Wunder« zusammenfaßt und beschreibt, sie unter einen Hut bringt, einen Hut, der aber möglicherweise auf einem völlig nüchternen Technokratenschädel sitzt.

Mit anderen Worten: Es ist möglich – denn vieles spricht dafür –, daß sich diese Wunder durch eine uns größtenteils noch völlig unzugängliche, höchst fortgeschrittene Technologie einer außerirdischen Intelligenz erklären lassen. Was denn wäre plausibler? Sollen wir die Berichte der Bibel und anderer alter Schriften ernst nehmen, dann doch eher aus heutiger technischer Sicht als aus der alten Deutung wundersamer Begebenheiten!

Wie schon angedeutet, und wie Sie noch sehr deutlich sehen werden, gestaltet sich die Erforschung des Phänomens allerdings äußerst schwierig. Jeder, der den Versuch ernsthaft unternimmt, wird erkennen müssen, daß er in einen scheinbar hoffnungslosen Teufelskreis hineinrutscht und zum Spielball verschiedenster Mächte wird.

Heute zeichnet sich ein utopisches Bild ab: Es deutet zunehmend darauf hin, daß vor allem spezielle Abteilungen der US-Regierung bereits seit Jahrzehnten im Besitz außerirdischer Technologie sind, sie unter dem Siegel der strengsten Geheimhaltung analysieren und testen. Natürlich wird keine Nation, die eine dermaßen weitentwickelte Technologie in ihren Händen hat, ein solches Geheimnis öffentlich aus-

I. Das geheime Netzwerk

Einige UFO-Forscher glauben, daß es auf dem Mars bereits vor Jahrtausenden eine Zivilisation gab, die riesige Pyramiden errichtete, ähnlich denen auf der Erde. Eine auf dem Mars entdeckte Struktur, die einem Gesicht ähnelt – im Hintergrund links auf diesem Gemälde des amerikanischen Künstlers Dale Darby – wird seit Jahren heiß als künstlich geschaffen diskutiert. Über all diese Fragen werden hoffentlich bald die neuesten Raumsondenmissionen Auskunft geben.

posaunen. Die militärische Bedeutung, der Vorteil gegenüber jeder anderen gegnerischen Macht ist viel zu groß, als daß sich auch nur einer unter den Verantwortlichen finden ließe, der eine Bekanntmachung dieses Geheimnisses befürworten würde. Vielmehr würde es gelten, das Thema totzuschweigen, was aufgrund von UFO-Beobachtungen ziviler Zeugen eigentlich nicht ganz leicht ist. Insofern kommt der Faktor »Lächerlichmachung« hinzu und, falls erforderlich, Bedrohung und Beseitigung von Personen, die wirklich zuviel wissen, als daß der harmlosere Mechanismus noch greifen könnte. Für die wissenschaftliche Gemeinschaft etablierter Forscher freilich, seien es nun beispielsweise Physiker, Chemiker oder besonders Astronomen, wäre es trotzdem bzw. gerade deshalb im allgemeinen gleich mehrfach unsinnig, sich mit UFOs zu befassen. Denn die zumeist recht belustigte Behandlung des Themas in der Öffentlichkeit könnte für jeden ernsten Forscher einen ebenso ernsten Karriereknick bedeuten, und im übrigen gäbe es ja überhaupt keine Forschungsgelder für trotz allem an der Sache interessierte Wissenschaftler. Keine Institution von Rang würde heute Gelder für eine wenn auch noch so sinnvolle UFO-Forschung locker machen, niemand würde seinen Ruf aufs Spiel setzen wollen.

Natürlich, wenn wir uns bildhaft vorstellen, daß dies alles Realität sein könnte und Geheimregierungen UFOs im verborgenen erforschen, möchten wir uns zunächst doch an den Kopf fassen. Oder etwa nicht? Wer kann so etwas ernst nehmen? Ich gebe zu, das stellt ein Problem dar. Für mich war es vor vielen Jahren gleichfalls alles andere als einfach, mich zu entschließen, diesem Gedanken mehr Zeit zu widmen und das vorhandene Material zu durchforsten, um schließlich mit eigenen umfangreichen Recherchen zu beginnen und darüber neue Zusammenhänge bzw. Bestätigungen zu finden.

Doch gab es da eben wirklich verblüffende Fakten, und wenn man sich nicht vollends verschließen wollte, blieb nichts, als zu erkennen und zuzugeben, daß neben den vielen unsinnigen Geschichten, die besonders in den Sensationsblättern natürlich immer wieder zum UFO-Thema verbreitet wurden, so mancher wirklich fundierte und absolut unerklärliche Fall existiert. Hier war etwas, das wurde mir um so klarer, nachdem ich selbst an Ort und Stelle fuhr, um mich von den Gegebenheiten zu überzeugen, mit unterschiedlichsten Zeugen und Forschern zu sprechen, um dabei zuweilen die erstaunlichsten Einblicke zu gewinnen. Im Gegensatz zu der beliebten Behauptung erklärter Skeptiker, all die UFO-

Forschung würde nur in eine Sackgasse führen, an all den berichteten »Stories« sei in Wirklichkeit aber auch gar nichts Wahres, brachte intensives Nachbohren in sehr vielen Fällen tatsächlich nichts anderes zum Vorschein, als daß die »Stories« den Tatsachen entsprachen. Bei aller Abwehrreaktion gegen die Ungeheuerlichkeit dessen, was da nicht selten vor unseren Augen, aber genauso häufig auch hinter unserem Rücken geschieht: Mittlerweile ist unbestreitbar, daß etwas Unfaßbares geschieht. Belege dafür werden Sie auf den folgenden Seiten finden, und einige Belege davon gibt es schon lange. Von ein paar wenigen Beispielen aus frühen Zeiten der Menschheitsgeschichte war vorhin schon ganz kurz die Rede, und wie erwähnt setzt sich die Kette der unerklärlichen Ereignisse ungebrochen weiter fort, mit unterschiedlichen Interpretationen bis in unsere Zeit.
Bereits Anfang der dreißiger Jahre unseres Jahrhunderts verwirrten als »Geisterflugzeuge« bekannt gewordene Objekte vor allem die Regierungen der skandinavischen Länder. Einige Sichtungen stammten auch aus England und den USA. Es waren rätselhafte Objekte, die häufig bei schlechtesten Wetterbedingungen zu sehen waren. Kein Flugzeug jener Zeit hätte unter den Umständen Starterlaubnis erhalten, unter denen die Geisterflugzeuge flogen und manchmal in geräuschlosem Tiefflug mächtige Scheinwerfer auf den Boden richteten. In den Kriegsjahren um 1943 bis 1944 tauchten dann andere unheimliche Erscheinungen auf: kugelförmige, weiße oder in unterschiedlichen Farben leuchtende Objekte, die in der Nähe von Militärflugzeugen wie auch zivilen Maschinen auftauchten. Die Alliierten waren verständlicherweise sehr besorgt über diese Vorfälle. Denn sie schrieben die Lichtbälle einer neuen feindlichen Waffe zu, einer Geheimwaffe der Deutschen oder Japaner. Da die als »Foo-Jäger« bekannten Lichtbälle keine Wirkungen auf die Flugzeuge zeitigten, wertete man sie als Mittel

I. Das geheime Netzwerk

der psychologischen Kriegsführung – demnach sollten sie die Piloten wohl einschüchtern und verunsichern. Doch in Wirklichkeit wußte niemand, was es mit den unbekannten Objekten auf sich hatte. Jede Partei schrieb sie dem jeweiligen Gegner zu, und angeblich existierte sowohl bei den Engländern als auch bei den Deutschen je eine Untersuchungsgruppe zur Ausforschung der Natur jener ungewöhnlichen Erscheinung. Auch nach dem Krieg zeigten sich diese Objekte noch gelegentlich, doch bis zum heutigen Tag kann niemand mit Gewißheit sagen, worum es sich bei ihnen wirklich handelte.

In den vierziger Jahren begann dann allerdings tatsächlich so etwas wie die moderne UFO-Ära; vor allem im Sommer 1947 meldeten Hunderte von Zeugen ihre Sichtungen nichtidentifizierbarer fliegender Objekte am Himmel.

Am Nachmittag des 24. Juni 1947 befand sich der amerikanische Privatflieger Kenneth Arnold aus Idaho mit seiner kleinen Callair-Maschine über dem Mount Rainier, einem Bergmassiv in den Cascade-Mountains im US-Bundesstaat Washington. Plötzlich erfüllte ein gleißender Lichtblitz sein Cockpit, unmittelbar darauf ein zweiter. Arnold versuchte die Quelle ausfindig zu machen. Als er sich umsah, dürfte er wohl seinen Augen kaum getraut haben. In der Ferne machte er eine Gruppe von neun Flugkörpern aus, wie er sie noch nie zuvor in seinem Leben gesehen hatte. Sie waren sehr flach und hatten in etwa die Form von Bumerangs. Entfernung, Größe und Geschwindigkeit dieser seltsamen »Dinger« waren für Arnold trotz seiner Erfahrung als Pilot sehr schwer abzuschätzen. Aus der ungefähren Position zu den ihm bekannten höchsten Bergspitzen der Region glaubte Arnold auf die Entfernung zwischen ihm und den »Bumerangs« schließen zu können, woraus er sich später ein Bild ihrer Ausmaße und Geschwindigkeit machte. Sie mußten wohl so um die fünfzehn Meter groß und mindestens zwei-

I. Das geheime Netzwerk

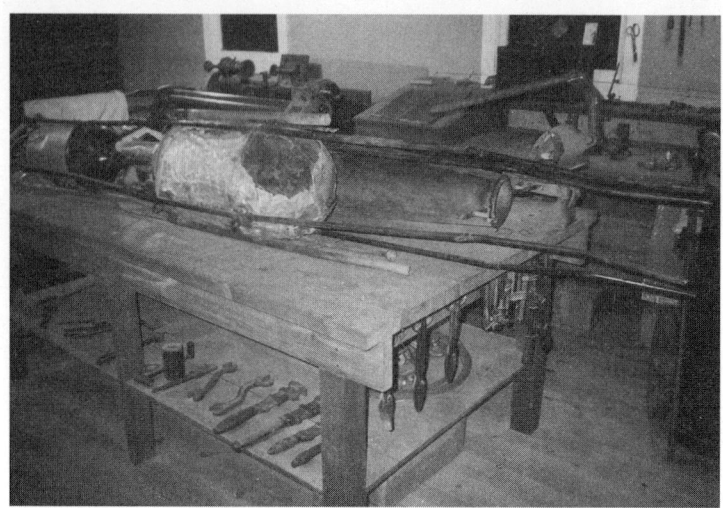

Pioniere und Phantasten haben es schwer. Ernsthafte Wissenschaftler, die sich der Erforschung des UFO-Phänomens widmen, werden in der Öffentlichkeit lächerlich gemacht und müssen in der Fachwelt um ihren Ruf fürchten. Aus der Geschichte gibt es viele Beispiele. So mußten die »Väter der Raumfahrt« ebenso Anfeindungen und Spott über sich ergehen lassen (hier das rekonstruierte Labor des Raketenpioniers Robert H. Goddard, New Mexico, USA). Aufnahme: Andreas v. Rétyi

tausend Stundenkilometer schnell sein. Und das war deutlich zu schnell für ein Flugzeug jener Tage. Natürlich konnte sich Arnold kräftig verschätzt haben. Vielleicht waren diese merkwürdigen Objekte viel näher und flogen entsprechend langsamer. Der Astronom Donald H. Menzel, der jahrzehntelang alle UFO-Sichtungen in radikalster Weise bestritt und alle möglichen und unmöglichen »natürlichen« Erklärungen dafür anbot, glaubte im Falle Arnold sogar, die neun seltsamen Körper hätten sich in ganz extremer Nähe des Piloten befunden, nämlich direkt auf dem Flugzeugfenster! Er mutmaßte, Arnold habe nichts als Wassertropfen auf der Scheibe fehlinterpretiert! Zeugen für derart dumm zu verkaufen wurde mit den Jahren regelrecht zur Tradition der offenbar alles sofort erkennenden »UFO-Aufklärer« (engl. »debunker«), denen kein noch so gut untermauerter Fall, kein noch so zuverlässiger Zeuge, kein noch so gut überprüftes Dokument genügte, um dem UFO-Phänomen auch nur ein Fünkchen Realität zuzubilligen.

Was Arnolds Sichtung angeht, müssen wir uns fast ganz auf sein Wort und seine Schilderung verlassen. Unfraglich zählt seine Beobachtung nicht gerade zu den allerschlagkräftigsten Beweisen der UFO-Forscher. Nichtsdestoweniger hat sie einen festen Platz in der Chronik der Begegnungen mit unidentifizierbaren Flugobjekten eingenommen. Abgesehen davon, daß der Zeuge als ehrbares Mitglied der Gesellschaft geschätzt wurde, dem man einen Schwindel in keiner Weise zutraute, führte seine Beschreibung übrigens auch dazu, daß ein Journalist das geflügelte Wort der »Fliegenden Untertasse« prägte.

Manchmal wird behauptet, es gebe keine weiteren Zeugen für Kenneth Arnolds UFO-Sichtung. Das stimmt allerdings nicht. Aus FBI-Akten geht hervor, daß zumindest eine andere Person die Objekte am Himmel gesehen hat, nur ungefähr eine Minute nachdem Arnold seine Beobachtung gemacht hatte. Das FBI wurde laut Aufzeichnung von der US-Luftwaffe gebeten, jenen Zeugen, den Prospektor Fred Johnson, über seine Beobachtungen zu befragen, die er am 24. Juni 1947 in der Nähe des Mount Adams machte, sogar mit Hilfe eines Teleskops! Vielleicht sollte man vorausschicken, daß der FBI-Agent, der Johnson befragte, ihn als sehr zuverlässige Persönlichkeit einschätzte. Johnson bestätigte genau, was Arnold berichtet hatte. Er beschrieb die Form und die hohe Geschwindigkeit der Objekte in gleicher Weise. Wie er berichtet, neigten sie sich während des Fluges vor und zurück und schienen schließlich »auf ihrem Rand zu stehen«, als sie dann in einer Wolke verschwanden. Ein besonders interessantes Detail war Johnsons Feststellung, daß die Objekte seine Kompaßnadel hin- und herschwingen ließen, als sie über ihn hinwegflogen. Johnson kann somit für sich beanspruchen, sowohl der erste Mann zu sein, von dem teleskopische UFO-Beobachtungen bekannt sind, als auch der erste, der elektromagnetische Auswirkungen in diesem Zusammenhang registrierte!

Daß jedenfalls damals tatsächlich irgend etwas höchst Merkwürdiges am Himmel vor sich ging, zeigten die unzähligen anderen Meldungen jener Tage. Diese in die Hunderte gehenden Sichtungen schienen zu belegen, daß weder Arnold noch Johnson phantasiert hatten, was auch in Anbetracht der Übereinstimmungen im Bericht der beiden unabhängigen Zeugen schwer vorstellbar wäre.

Zur Eskalation der Ereignisse kam es dann Anfang Juli 1947. Über die unfaßbaren Vorfälle, die sich damals zutrugen, wurden nach vielen Jahren des Schweigens mittlerweile ganze Bücherstapel und zentnerweise Abhandlungen veröffentlicht. Daher kann ich mich hier kurz fassen, wenn es nun um den berühmt-berüchtigten Roswell-Zwischenfall geht, von dem Sie sicher schon gehört haben. Einige Forscher haben ganze Abschnitte ihres Lebens darauf verwendet, alles zugängliche Material zu diesem Zwischenfall zu sichten und auszuwerten. Sie haben Dutzende, ja Hunderte von unabhängigen Zeugen ausfindig gemacht und sie wieder und wieder zu unendlich vielen Details befragt, sie haben alte Schriftstücke und militärische Akten ausgegraben und keine Möglichkeit ausgelassen, um herauszufinden, was damals wirklich geschah.

Aus all ihren Forschungen zeichnet sich über die Jahre hinweg gewissermaßen ein vierdimensionales, raum-zeitliches Gemälde der Geschehnisse – in sich vollkommen schlüssig –, das nunmehr das zunächst Unglaubliche glaubhaft werden läßt.

Ein Zwischenfall und seine Folgen: Der Beginn der modernen UFO-Ära

Angefangen hatte alles damit, daß der amerikanische Kernphysiker und UFO-Forscher Stanton T. Friedman im Jahr 1978 während eines Aufenthaltes in Baton Rouge, Lousiana, von einem Amateurfunker auf einen offenbar hochinteressanten Mann aufmerksam gemacht wurde. Der Funker meinte nur: »Hey, der Mann, mit dem Sie mal sprechen sollten, ist Jesse Marcel« und erklärte dazu: »Oh, der hatte während seiner Militärzeit mit Bruchstücken dieser fliegenden Untertassen zu tun, an denen Sie so interessiert sind!« – Die Kette der Ereignisse, die diese Bemerkung auslöste, war in der Tat beachtlich. Friedman traf sich mit Marcel, war nach eingehenden Gesprächen von dessen Aufrichtigkeit bzw. beachtlichem militärischen Hintergrund überzeugt und ließ fortan keine Spur aus, die ihn dem Roswell-Rätsel auch nur einen kleinen Schritt näher kommen lassen könnte. Friedmans Kollege Bill Moore konnte in Erfahrung bringen, daß der mittlerweile längst vergessene Fall damals, im Jahr 1947, wohl kurzzeitig doch etwas Furore gemacht haben mußte. Zumindest stellte sich heraus, daß die Meldung vom Absturz einer fliegenden Untertasse im Radio gesendet wurde und auch Zeitungsartikel über den Vorfall existierten. Dieses Material lieferte weitere Namen wichtiger Zeugen und zusätzliche Informationen. Hier mußte etwas geschehen sein! Der Startschuß für ein abenteuerliches Unternehmen war gegeben, es ging um nicht weniger als die Havarie eines offenbar außerirdischen Raumfahrzeugs.
Immerhin fand sich in der Tageszeitung »Roswell Daily Record« vom 8. Juli 1947 mit Bezug auf eine offizielle Pressemeldung der bedeutenden Militärbasis des Roswell Army Air Field (RAAF) ein Artikel über den Absturz. Die Meldung selbst hatte der Presseoffizier der Basis, Walter Haut, verfaßt

und an die Associated Press weitergegeben. So klar die Aussage dieses Textes auch ist, man muß ihn sich schon zweimal durchlesen, um seine Tragweite tatsächlich zu erkennen: »Die vielen Gerüchte über fliegende Scheiben«, so lautet in Kürze der wichtigste Satz, »sind gestern Realität geworden, als das nachrichtendienstliche Büro der 509. Bomberstaffel der 8th Air Force, Roswell Army Air Field, sich in der glücklichen Lage befand, ..., in den Besitz einer Scheibe zu kommen.« – Was wie das Zitat aus einem utopischen Roman klingt, war doch die völlig ernst gemeinte Erklärung einer militärischen Institution, die seinerzeit die einzige Atombomberstaffel der USA beherbergte und daher verständlicherweise eine besonders hohe Bedeutung und Verantwortung besaß!

Die Rekonstruktion der Ereignisse hat ergeben, daß am 2. Juli 1947 ein leuchtendes, diskusförmiges Objekt über den von Gewitterwolken verhangenen Himmel des westlichen US-Bundesstaates New Mexico zog. Dafür gab es Zeugen. Rund hundertzwanzig Kilometer nördlich detonierte der unbekannte Flugkörper über einsamem Ranchgelände. William »Mac« Brazel, Verwalter der Foster-Ranch, fand am nächsten Morgen ein weit ausgedehntes Trümmerfeld auf dem Gelände und brachte Teile des ungewöhnlichen Materials, sobald er konnte, zu Sheriff George Wilcox in Roswell. Nunmehr begannen die Mühlen zu mahlen, in für so manchen Beteiligten erstaunlicher oder gar gefährlicher Weise. Wilcox und seiner Familie wurde mit dem Tode gedroht, würde er je irgend etwas über das, was er gesehen und erlebt hatte, berichten wollen. Natürlich stürzte man sich insbesondere auf den Rancher Brazel; man hielt in eine Woche lang zum Verhör fest und schüchterte ihn ein. Von militärischer Seite waren Major Jesse Marcel und der Agent Sheridan Cavitt die ersten an der Absturzstelle. Während Marcel Jahrzehnte später darüber sprach, weigerte sich Cavitt, auch nur zuzugeben, daß er sich an jenem Ort aufgehalten hätte.

Am 8. Juli 1947 startete allerdings eine vom Militär im großen Stil angelegte Such- und Bergungsaktion, Trupps grasten das Gelände mit peinlichster Genauigkeit ab und begannen mit dem Abtransport der Trümmer. In der heißen Sonne der kargen Steppenlandschaft blinkten Tausende von Splittern und Überreste jenes unidentifizierten Objektes. Reste einer Art dünner, hochwiderstandsfähiger Folie lagen überall verstreut herum, ebenso ein braunes pergamentartiges Material und kleine, auffallend leichte Stäbchen, genau die gleichen befremdlichen Relikte, wie sie der Rancher bereits im Sheriffsbüro abgeliefert hatte.

Doch: Waren diese kümmerlichen Überreste wirklich Bestandteile eines Raumfahrzeugs? Folien, Stäbchen und Pergament? Ein übergroßer Kinderdrache hätte den Anforderungen als Verursacher dieses Chaos ja vielleicht auch Genüge tun können! Zwar überrascht die Beschreibung der angeblichen Raumschiffteile zunächst tatsächlich, doch hätte sich das Militär dann bestimmt keine größeren Umstände bereitet.

Hier mußte schon wirklich etwas Ungewöhnliches geschehen sein.

Im übrigen konnte niemand so bemerkenswerte Eigenschaften erklären wie die der dünnen Metallfolie, die nach jeder gewaltsamen Formveränderung sofort absolut perfekt wieder in ihre ursprüngliche Form überging. Und die größte Bombe platzte ganz offenbar erst etwas später, als der Rekonstruktion der Ereignisse zufolge das eigentliche Raumschiffwrack von Piloten aus der Luft entdeckt wurde – das Raumschiffwrack und seine toten Insassen, sehr kleine humanoide Wesen mit grauer Haut, dünnen Gliedmaßen und überdimensionierten Köpfen, deren mandelförmige Augen weit größer als beim Menschen waren!

I. Das geheime Netzwerk

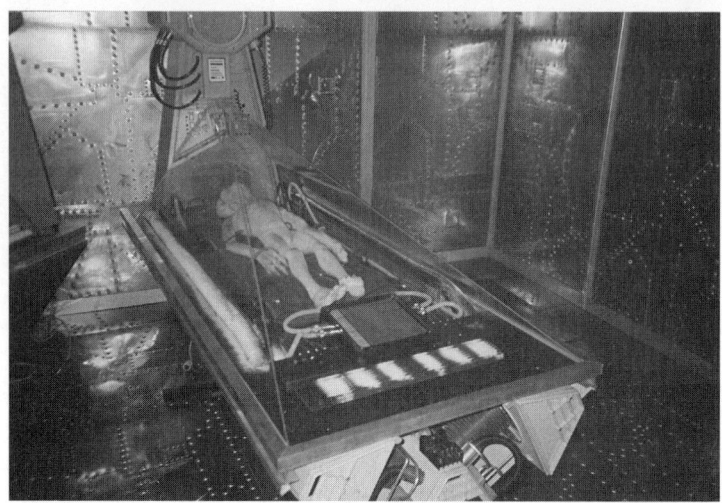

Roswell: Mythos, Legende oder Realität? Stürzte damals ein Raumschiff ab, wurden tote Wesen aus dem All geborgen? Szenenaufbau für einen Science-fiction-Film. Aufnahme: Andreas v. Rétyi

Halten wir an diesem Punkt einmal inne, um tief durchzuatmen!
Die Behauptung ist ja auch wirklich ungeheuerlich. Da sollen allen Ernstes vor nunmehr über einem halben Jahrhundert außerirdische Wesen mit ihrem Fluggerät auf unserem Planeten gestrandet und anschließend vom Militär geborgen worden sein. Unfraglich kämpft erst einmal jeder, der sich als vernünftiger Mensch bezeichnen will, mit ganz gehörigen Problemen, wenn er diesen Gedanken für bare Münze nehmen soll. Und dennoch haben sich über die Jahre hinweg derart viele Zeugen gefunden, Menschen, die damals direkt an der Bergung und den Folgeaktionen beteiligt waren, daß es einem vernünftigen Menschen nunmehr genauso schwerfallen sollte, die Authentizität eben jener Behauptung grundsätzlich anzuzweifeln und nicht wenigstens nüchtern und

ernst darüber nachzudenken. Die unterschiedlichsten Personen haben die Vorfälle jener Zeit aus unterschiedlichsten Blickwinkeln erhellt, jeder durch seine eigenen Erlebnisse. Und dennoch ist ein stimmiges Bild entstanden.

Dan Wilmot und seine Frau aus Roswell sahen in der Gewitternacht des 2. Juli 1947 einen hellen Diskus über den Himmel ziehen; auch der Farmer William Woody und sein Vater beobachteten in jener Nacht ein weißglühendes Objekt, das einen roten Schweif hinter sich herzog – die beiden Woodys wurden später bei ihrer Suche nach dem vermeintlichen Meteoriten in der Nähe von Corona, New Mexico, von bewaffneten Soldaten aufgehalten; Floyd und Loretta Proctor, die unmittelbaren Nachbarn Brazels, bestätigten, daß er sie aufgesucht hatte, um ihnen die ungewöhnlichen Metallstücke zu zeigen; ihr damals achtjähriger Sohn William »Dee« war dabei, als Brazel das Trümmerfeld entdeckte; Lyman Strickland, ebenfalls Nachbar von Brazel, sah, wie der Rancher von mehreren Militärleuten eskortiert wurde; Bud Payne, ein anderer Nachbar, wurde vom Militär sofort aufgegriffen und abtransportiert, als er der Absturzstelle zu nahe kam; Colonel William H. »Butch« Blanchard, Chef des RAAF, veranlaßte seinen Presseoffizier Lieutenant Haut, eine entsprechende Meldung zur Bergung einer Flugscheibe herauszugeben; Sergeant Melvin E. Brown erklärte, er habe sowohl den Lastwagen bewacht, in dem die fremden Leichname transportiert wurden, als auch den Hangar auf dem RAAF, in welchem die Überreste des Flugobjektes zwischengelagert waren; der für die Militärbasis tätige Bestattungsunternehmer Glenn Dennis erklärte, man habe ihn damals nach den kleinsten verfügbaren Sarggrößen gefragt und nach Methoden zur Konservierung von Leichen; Dennis' Freundin, eine Krankenschwester auf RAAF habe diese Toten selbst gesehen und ihm bestätigt, daß sie nicht von dieser Welt stammten; Norma Gardner, wiederum Angehörige

I. Das geheime Netzwerk

WASHINGTON OFFICE: 2404 Rayburn Building • Washington, D.C. 20515 • (202) 225–6316 • FAX (202) 225–4975
DISTRICT OFFICE: 625 Silver Ave., S.W., Suite 140 • Albuquerque, NM 87102 • (505) 766–2538 • FAX (505) 766–1674

Immediate Release
July 28th, 1995

J. Barry Bitzer
(202) 225-2245

Schiff Receives, Releases Roswell Report
(missing documents leave unanswered questions)

Washington: Congressman Steve Schiff today released the General Accounting Office (GAO) report detailing results of a records audit related to events surrounding a crash in 1947, near Roswell, New Mexico, and the military response.

The 20 page report is the result of constituent information requests to Congressman Schiff and the difficulty he had getting answers from the Department of Defense in the now 48-year-old controversy

Schiff said important documents, which may have shed more light on what happened at Roswell, are missing "The GAO report states that the outgoing messages from Roswell Army Air Field (RAAF) for this period of time were destroyed without proper authority." Schiff pointed out that these messages would have shown how military officials in Roswell were explaining to their superiors exactly what happened.

"It is my understanding that these outgoing messages were permanent records, which should never have been destroyed The GAO could not identify who destroyed the messages, or why " But

-more-

I. Das geheime Netzwerk

(page two)

Schiff pointed out that the GAO estimates that the messages were destroyed over 40 years ago, making further inquiry about their destruction impractical.

Documents revealed by the report include an FBI teletype and reference in a newsletter style internal forum at RAAF that refer to a "radar tracking device" - a reference to a weather balloon. Even though the weather balloon story has since been discredited by the US Air Force, Schiff suggested that the authors of those communications may have been repeating what they were told, rather than consciously adding to what some believe is a "cover up."

"At least this effort caused the Air Force to acknowledge that the crashed vehicle was no weather balloon," Schiff said. "That explanation never fit the fact of high military security used at the time." The Air Force in September, 1994 claimed that the crashed vehicle was a then-classified device to detect evidence of possible Soviet nuclear testing.

Schiff also praised the efforts of the GAO, describing their work as "professional, conscientious and thorough."

A two page letter discussing a related investigation into "Majestic 12" was also delivered.

Schiff will be available to the media Saturday, July 29th, from 10:00 AM to 2:00 PM at 2404 Rayburn HOB in Washington, DC and by telephone: (202) 225-6316.

A copy of the report may be obtained by calling (202) 512-6000 and referencing Document number GAO/NSIAD-95-187.

-30-

Bericht des Kongreßabgeordneten Steven Schiff über die Ergebnisse einer von ihm angestrengten Untersuchung zum unerklärlichen Roswell-Zwischenfall. Besonders interessant: Aus dem Text geht hervor, daß wesentliche Dokumente aus jener Zeit auf der Roswell-Luftwaffenbasis ohne Autorisation vernichtet worden sind und daß ein zweiseitiger Brief zu »Majestic-Twelve«, einer angeblichen Geheimgruppe zur UFO-Forschung, aufgetaucht sei.

des RAAF, berichtete, die betreffenden Autopsieberichte getippt und Fotos archiviert zu haben; der Pilot Oliver »Pappy« Henderson erklärte, die toten Wesen und Wrackteile zur Wright-Field-Basis nach Ohio geflogen zu haben; Robert Slusher von der 393. Bomberschwadron sagte aus, er sei Crew-Mitglied eines B-29-Fluges (Flugzeugregistrierungsnummer 7301) gewesen, bei dem eine merkwürdige, sargähnliche Kiste transportiert wurde. Die B-29 sei unter Ausschaltung der Luftdruckregulierung in einer ungewöhnlich niedrigen Flughöhe nach Fort Worth geflogen – dort hätten Militärpersonal und ein Bestatter den Behälter in Empfang genommen, und Major Marcel sei mit derselben Maschine nach Roswell zurückgeflogen; im Jahr 1989 sprach der führende Roswell-Forscher Kevin D. Randle und sein damaliger Kollege Donald Schmitt mit dem pensionierten Luftwaffen-General Arthur E. Exon, der ihnen bestätigte, daß damals außerirdische Wrackteile sowie Wesen geborgen worden seien und man eine hochrangige Gruppe eingerichtet habe, die den »Zugang zu Material bzw. Informationen« kontrolliere; Dr. Jesse Marcel, Jr., 1947 gerade zwölf Jahre alt, nun Doktor der Medizin, erinnert sich genau, wie sein Vater ihm und seiner Mutter Viaud Marcel die sensationellen Fundstücke von der Foster-Ranch zeigte.

Und, und, und... Die Liste der Zeugen könnte beliebig fortgesetzt werden. Doch die offizielle Erklärung der Ereignisse wandelte sich bald, die Air Force schien sich um hundertachtzig Grad gedreht zu haben. Nachdem die Zeitung »Roswell Daily Record« am 8. Juli 1947 im Einklang mit dem Bericht von Lieutenant Haut vom Absturz einer »fliegenden Scheibe« gesprochen hatte, kam bereits am selben Tag das ernüchternde Dementi. Denn schon um sechs Uhr am Abend jenes 8. Juli hatte das Militär eine neue Darstellung parat. Die ganze Geschichte über die Flugscheibe sei demnach ein Irrtum, in Wirklichkeit habe sich nichts Ungewöhnliches

I. Das geheime Netzwerk

Der mittlerweile vernachlässigte Hangar P-3 auf dem ehemaligen Roswell Army Air Field. In dieses Gebäude wurden die bis heute unidentifizierten Wrackteile des Roswell-Absturzes zunächst verbracht. Aufnahme: Andreas v. Rétyi

ereignet, und auf Brazels Ranch sei nichts als ein normaler Wetterballon heruntergekommen – so lautete nunmehr der Tenor. Berühmt sind die Fotos, die Major Marcel mit den angeblichen Roswell-Überresten zeigen, aufgenommen auf Fort Worth (heute: Carswell Air Force Base) / Dallas, Texas. In Wirklichkeit waren aber die echten Überreste längst an anderer Stelle. General Roger Ramey, Commander der 8th Air Force, hatte die Desinformation zu Roswell gestartet, in Form eines Wetterballons. Ramey identifizierte den Fund als »Rawin-Target«, zugehörig zu einem simplen Wetterballon. Tatsächlich waren die vor seinem Büro präsentierten Teile auch nichts anderes. Doch Brigade-General Thomas Jefferson DuBose bestätigte in einem notariell beglaubigten Schriftstück:

I. Das geheime Netzwerk

»Die Wetterballon-Erklärung für das Material war eine Deckgeschichte, um die Aufmerksamkeit der Presse abzulenken.«

DuBose hatte seinerzeit einen Anruf von General Clements McMullen erhalten, der den damaligen Colonel (Oberst) aufforderte, ein Cover-up, also die absolute Vertuschung der Vorgänge zu starten. Auch General Ramey wurde damit von McMullen beauftragt.

Jahre- und jahrzehntelang schwebte seitdem der beinahe schon obligatorische Wetterballon über dem Roswell-Rätsel, trotz der unzähligen Schwachstellen dieser Deckgeschichte. Konnte denn ein schlichter Ballon eine derartige Militäraktion und Geheimhaltung erklären? War es sinnvoll, am Absturzort nach Radioaktivität zu suchen? Mußte man Brazel tagelang verhören? Konnten Marcel und andere Experten vom Roswell Army Air Field sich derart getäuscht haben? Warum fuhr Basiskommandant Blanchard zur Absturzstelle und war von der Ungewöhnlichkeit des Fundes überzeugt? Immerhin, er stellte fest: »Das Zeug, das ich gesehen habe, habe ich sonst an keinem anderen Ort in meinem Leben gesehen.« – Zuerst war Blanchards Sorge, das Material könne russischer Herkunft sein, was sich allerdings bald als unzutreffend herausstellte.

Als immer klarer wurde, daß sich der mittlerweile so berühmte »Roswell-Zwischenfall« nicht mit einem Wetterballon wegerklären ließ, geriet die Air Force zunehmend unter öffentlichen Druck. Besonders als dann 1993 der US-amerikanische Bundesrechnungshof GAO (General Accounting Office) bei Geheimdiensten und Behörden der US-Luftwaffe mit einer Überprüfung der noch vorhandenen Dokumente und Akten begann – nach Intervention von Steve Schiff, dem Kongreßabgeordneten von New Mexico. Diese Untersuchung brachte nicht viel Neues zum Vorschein, was freilich abzusehen war. Denn es ist doch nur

I. Das geheime Netzwerk

Einer der vermuteten Absturzorte des Roswell-Objektes: Ein Gelände auf dem Besitz des Ranchers Hub Corn unweit von Roswell. Aufnahme: Andreas v. Rétyi

logisch: Ein Geheimnis dieser Kategorie kann unmöglich durch eine plötzlich gestartete Untersuchung gelüftet werden, selbst wenn die untersuchende Behörde von derartiger Bedeutung ist wie das GAO. Und auch in dem Falle, daß wichtige Ergebnisse erzielt werden sollten, ist ebenso klar, daß jede in die Geschichte verwickelte Institution ihre Gründe der Geheimhaltung sehr deutlich herausstreichen wird können – beispielsweise die vielzitierte »nationale Sicherheit« – mit der Wirkung, daß jeder Informationsfluß in Richtung Öffentlichkeit sofort erfolgreich im Keim erstickt wird. Außerdem hatte man ja nicht einmal nach den relevanten Begriffen gesucht, erklärt Stanton Friedman verärgert.
Fragen, wie aussagekräftig die Anstrengungen des GAO sind, gibt es in der Tat genug. Hatte man Zugriff auf Informationen jenseits von »TOP SECRET – STRENG GE-

HEIM«? Erhielt Schiff einen nicht für die Öffentlichkeit bestimmten Geheimbericht? Durfte es über die wesentlichen Informationen jemals öffentliche Verlautbarungen geben? Kaum vorstellbar!

Vielleicht die interessantesten Erkenntnisse betreffen eine Reihe von Dokumenten größerer Bedeutung, die auf mysteriöse Weise verschollen sind. Unmittelbar nachdem Schiff den GAO-Bericht zu Roswell erhalten hatte, publizierte er dessen Inhalt und gab eine kurze Pressemeldung heraus, in der er diese in der Tat merkwürdige Facette deutlich erwähnt:

»Der GAO-Report stellt fest, daß die vom Roswell Army Air Field (RAAF) hinausgehenden Botschaften aus dieser Zeitperiode ohne angemessene Autorisierung vernichtet worden sind..., beständige Aufzeichnungen, denen niemals bestimmt war, vernichtet zu werden.«

Warum also geschah dies doch? Warum auch begegnete ein Pentagon-General einem GAO-Experten, der zu Roswell nachforschte, mit den herben Worten: »Das geht Sie überhaupt nichts an!«

Noch bevor die Untersuchung des GAO beendet war, legte die Air Force überraschenderweise einen »Abschlußbericht« zu Roswell vor, in dem sie nunmehr erklärte, das Objekt sei kein Wetterballon gewesen, sondern Bestandteil des hochgeheimen MOGUL-Projektes, mit dessen Hilfe Atomtests der Sowjetunion ausgeforscht werden sollten. Also hatte man anfänglich doch nicht so ganz die Wahrheit erzählt. Aber wie glaubwürdig war die neue Erklärung? Antwort: überhaupt nicht! Denn MOGUL war von seinem Äußeren her nicht von einem Wetterballon zu unterscheiden, an seinem Material war nichts Besonderes, nichts Geheimes; nur seine Aufgabe wurde geheimgehalten. Selbst Studenten bastelten an MOGUL herum, natürlich ohne zu wissen, was man damit eigentlich beabsichtigte. Kürzlich

I. Das geheime Netzwerk

Corona: Laut Recherchen des führenden amerikanischen Forschers Stanton T. Friedman stürzte der Flugkörper nahe dem Ort Corona in New Mexico ab – einsames, verlassenes Land und ein ungelöstes Mysterium. Aufnahme: Andreas v. Rétyi

lieferte die Air Force wieder eine neue beeindruckende, weil abstruse Erklärung. Da der vorhergehende »Abschlußbericht« in keiner Weise die Aussagen der Zeugen berücksichtigte, die von fremden Wesen sprachen, mußte nun auch hierfür noch schnell eine Erklärung produziert werden. Angeblich hatten jene Zeugen erste Experimente mit Dummys fehlinterpretiert, jenen heute recht populären Testpuppen. Damals seien solche Puppen etwas ganz Neues gewesen und hätten wohl leicht mit Außerirdischen verwechselt werden können. Zwar vergessen die Autoritäten dabei völlig, daß die Zeugen von auffallend kleinen Wesen sprachen, die nicht wie Menschen aussahen, sondern z. B. riesige Augen hatten, aber immerhin scheinen sie andererseits die Berichte so ernst zu nehmen, daß sie nicht völlige Ignoranz üben, sondern eine »sinnvolle« Erklärung vorweisen müssen. Eigentlich hätte man aber schon wenigstens an eine Tatsache denken sollen: Dummys, die zu Testzwecken an Fallschirmen abgeworfen wurden, kamen erst in den fünfziger Jahren zum Einsatz, viele Jahre nach dem Roswell-Absturz. Auch andere, als Beweise für eine irdische Herkunft des Roswell-Objektes vorgeschobene Erklärungen passen nicht im geringsten in den zeitlichen Rahmen des bis heute unerklärlichen Zwischenfalls mit seiner präzisen und dichten Chronologie. Da werden frecherdings sogar Teile von US-Raumsonden als Fotobeweis dafür präsentiert, daß die Zeugen sich geirrt haben müssen und Testapparaturen der NASA für außerirdische Raumschiffe hielten. Nur: Diese Entwicklungen fanden definitiv erst Jahrzehnte nach dem Roswell-Zwischenfall statt und haben nicht das Geringste damit zu tun!

Da stehen einem doch die Haare zu Berge, wenn man daran denkt, welch ein Unsinn der Öffentlichkeit hier verkauft werden soll. Ist es wirklich möglich, daß heute noch auch nur irgend jemand an solchen offiziellen Erklärungen festhält, zumal dann, wenn sie immer und immer wieder variiert werden? Ja, es ist sogar sehr gut möglich und geschieht immer wieder!

Für die »sturen UFOlogen« – von UFO-Forschern oder Untersuchern sprechen »seriöse« Betrachter der »Szene« weniger gerne, noch weniger von Physikern, Astronomen sowie anderen Naturwissenschaftlern und Technikern, die sich der Sache ernsthaft annehmen –, nun, für die »sturen UFOlogen« also haben natürlich die meisten der großen, etablierten und »seriösen« Medien kaum ein gutes Wort übrig. Schon eher ist dann von »Unbelehrbarkeit« oder »Verstocktheit« die Rede; die »Pseudowissenschaftler« wollten doch partout nicht auf ihre »Grünen Männchen« und die »fliegenden Untertassen« verzichten! So wird das komplexe UFO-Phänomen mit Hilfe zweier beliebter Standardbegriffe auf das Volumen einer Streichholzschachtel reduziert, ebenso Hirnkapazität und Denkvermögen der UFO-Forscher. Völlig wunschgemäß. Die systematische Lächerlichmachung erfüllt ihre Aufgabe nahezu perfekt. Im übrigen möchte ja ohnehin kaum jemand so recht erwägen, daß wir vielleicht wirklich nicht die einzigen im All sind und eventuell schon Besuch »von außen« erhalten haben. Wenn da draußen tatsächlich andere wären, die uns das Wasser zigmal reichen könnten, würden wir als die bisherige »Krone der Schöpfung« ziemlich dumm aus der Wäsche schauen! Natürlich muß es durchaus nicht so sein, daß eine fremde Intelligenz, nur weil sie den Interstellarflug beherrscht, zum Beispiel auch im Gefühlsbereich weiter entwickelt ist als wir Menschen. Fremde Wesen sind wohl in vielerlei Hinsicht sowieso unvergleichbar mit uns, ohne daß die eine Lebensform zwangsläufig besser als die andere sein müßte. Aber unzweifelhaft macht vielen allein der Gedanke vor dem Unbekannten schrecklich Angst. Also stimmen wir in der Regel gerne in das Lied ein, das uns die Obrigkeiten vorpfeifen und von dem eine Zeile lautet: »Du mußt Dich nicht fürchten, nur weil der Wald finster und groß ist. Es gibt dort keine wilden Tiere!« Trotzdem laufen wir einfach lieber pfeifend durch den dichten Baumbestand, denn das gibt uns zumindest ein gutgelauntes, sicheres Gefühl. Genau diese Funktion erfüllt auch die belustigte Einstellung zum UFO-Phänomen, und sie erfreut sich natürlich entsprechender Beliebtheit...

Vielen entgeht völlig, daß sie hier zum Subjekt eines gezielten Konditionierungsprozesses werden, dessen Resultat in einer inadäquaten Reaktion auf spezifische Fakten besteht. Der anomale Charakter dieser Fakten erleichtert diesen Vorgang. Im Klartext: Wir werden regelrecht darauf getrimmt, ein im Grunde ernstes Thema fast stets in belustigtem Ton anzugehen; dies so lange, bis nahezu niemand das betreffen-

de Thema mehr ernst nehmen kann. Und es liegt in der Natur des Menschen, unbequeme Fakten zu ignorieren oder sie so lange zurechtzubiegen, bis sie sich in sein Weltbild einfügen. Was wir nicht kennen, was wir nicht verstehen, betrachten wir mit Argwohn. Wir wissen schließlich nicht, welche Gefahren davon ausgehen könnten. Wir lieben die Ordnung, weil so das meiste überschaubar ist. Abweichungen sind uneinordbar, sie sind uns ein Greuel und in gewissem Grade unheimlich, weil oft unberechenbar. Sie sind störende Disharmonien. Das alte Minderheitenproblem. Wie viele Menschen waren unsagbaren psychischen wie physischen Torturen ausgesetzt, weil sie sich nicht in die von Obrigkeiten aufgestellten und über lange Zeit gewachsenen Regeln einfügen konnten, selbst wenn sie es gewollt hätten.
Auch im Kosmos gab und gibt es Minderheiten. Und um solche soll es hier jetzt ausschließlich gehen. Vor Jahrhunderten waren es beispielsweise u. a. die recht selten erscheinenden hellen Kometen, welche die wunderschöne Ordnung am Himmel störten. Nicht, daß man sie ignorierte und behauptete, es gebe die Kometen gar nicht, aber man mochte sie eben nicht. Denn sie tauchten völlig unvorhergesehen auf und hatten ein Erscheinungsbild, das nicht ins übliche Schema paßte. So wurden sie zu kosmischen Sündenböcken, denen man alles Übel in der Welt anlastete; daß diese Bezichtigung natürlich absoluter Blödsinn war, wußten die wenigsten. Manchmal wurden unliebsame Fakten natürlich auch samt und sonders totgeschwiegen oder abgestritten oder: lächerlich gemacht. Sie kennen die Beispiele. Da gab es »pseudo-logische« Argumente, daß Dinge, die schwerer seien als Wasser nie schwimmen und Dinge, die schwerer seien als Luft nie fliegen könnten. Die Jupitermonde gab es für einen gelehrten Zeitgenossen Galileis nicht, da sich ja alles um die Erde drehen mußte – andere erklärten den teleskopischen Beweis Galileis als Spiegelung und Teufelszeug –, wie-

der andere sagten, es sei unmöglich, daß Steine vom Himmel fallen, weil es »dort oben keine Steine gibt«, noch andere sagten, der Mensch werde nie zum Mond fliegen (obwohl die Rakete, mit der dieses Kunststück gelang, bereits gebaut war). Im großen und ganzen wäre der recht rasante Fortschritt unserer Erkenntnisse wohl unmöglich gewesen, wenn man wirklich auf diese ewigen Neinsager gehört hätte, jene überseriösen Mahner, deren liebstes Wort »Unfug« lautet. Von Beruf Skeptiker zu sein ist leicht. Es klingt doch auch unerhört intelligent und weise abwägend, wenn jemand beteuert, er sei in dieser oder jener Angelegenheit sehr skeptisch, da müsse man erst abwarten und so weiter. Grundsätzlich ist es zwar richtig, alles genau zu prüfen; nicht tolerierbar aber ist Skepsis als Schutzschild und Deckmantel gleichermaßen, was dann zutrifft, wenn ihr die Aufrichtigkeit fehlt, wenn sie fehlende Gründlichkeit kaschieren soll und der Skeptiker Fakten wissentlich ignoriert oder sich nicht ausreichend mit ihnen befaßt hat. Wenn sich am Ende herausstellt, daß an einer Sache wirklich nichts ist, kann der Skeptiker leicht erklären, er habe dies wiederholt gesagt. Und wenn etwas entgegen seiner Erwartung ausgeht, so hat er sich nicht etwa getäuscht, er war vielmehr nur der gegenwärtigen Situation entsprechend »angemessen vorsichtig«. Um wieviel schwieriger ist es aber, weder wissentlich erzskeptisch noch unwissentlich sträflich leichtgläubig zu sein! Im Falle anomaler, größtenteils uneinordbarer Phänomene wie der UFOs ist eine wirklich korrekte Beurteilung all des vorliegenden Materials ein gigantisches Problem. Nur, die Fakten ignorieren können wir nicht.

Bis heute kann niemand erklären, was im Sommer 1947 in New Mexico wirklich geschehen ist und was für ein Objekt, was für leblose Körper dort gefunden wurden.

Kein größeres Wunder in Anbetracht der Umstände. Doch die Indizien sprechen eine sehr deutliche Sprache. Offenbar ist in diesem Fall die unwahrscheinlichste Erklärung zugleich die naheliegendste, die auch alle Aussagen schlüssig erklärt: nämlich daß damals – aus welchen Gründen auch immer – ein Raumfahrzeug nichtirdischer Herkunft zusammen mit seiner Besatzung auf der Erde niedergegangen ist. Und ganz egal, wie wir im einzelnen zu dieser Interpretation stehen, wir sollten uns nicht über Forscher amüsieren, die sie ernst nehmen und auch mit dem nötigen Ernst und Fachwissen erforschen.

Beweismangel?

In den Jahren nach »Roswell« bis in die Gegenwart hinein ereigneten sich zahlreiche UFO-Zwischenfälle, die nie aufgeklärt werden konnten. Fälle, die keineswegs auf Täuschungen und Irrtümer, auf bewußte Schwindel und Geschichten von geistig Verwirrten zurückführbar waren. Hochrangige Angehörige der Streitkräfte zählten ebenso zu den Zeugen wie weithin respektierte Wissenschaftler. Die Luftwaffe war aufgrund all dessen im Gegensatz zu ihren öffentlichen, absolut gegenteiligen Beteuerungen sehr an einer Erforschung der UFOs interessiert, ebenso Regierungen und Geheimdienste. Davon später mehr.
Natürlich gibt es spektakuläre unaufgeklärte Fälle, die nicht zwangsläufig auf »echte« UFOs und Außerirdische schließen lassen. Andere Fälle allerdings scheinen doch keine andere Wahl zu lassen.
Bis heute in einer undurchdringlichen Grauzone liegt der berühmte Fall des Captain Thomas Mantell, der am 7. Januar 1948 ums Leben kam, als er ein unidentifiziertes Objekt am Himmel verfolgte. Am frühen Nachmittag hatten zahlreiche Bürger des amerikanischen Bundesstaates Kentucky bei Polizeibüros angerufen, um ihre Sichtungen eines myste-

I. Das geheime Netzwerk

Das Pentagon. Zentrale der UFO-Geheimhaltung? Aufnahme: Andreas v. Rétyi

riösen Objektes zu melden, das sich sehr schnell in westliche Richtung bewegte. Die Berichte wurden an den Kontrollturm der Godman-Luftwaffenbasis nahe des berühmten Fort Knox weitergeleitet. Bald konnte das UFO auch von dort aus gesehen werden; der Basiskommandant und zahlreiche weitere Zeugen konnten es gut erkennen, einige Angehörige der Basis verwendeten Feldstecher und erkannten ein metallisch silbern-weiß schimmerndes Flugobjekt, dessen Form nicht ganz einheitlich zwischen rund und tropfenförmig beschrieben wurde. Schließlich wurde eine Gruppe von drei P-51-Maschinen der Nationalgarde (»National Guard«, NG) auf das nicht identifizierbare Objekt abgestellt. Captain Thomas Mantell in der Maschine NG3869 befehligte die kleine Staffel. Das Flugobjekt schien sich in enormer Höhe zu bewegen und war nach Mantells Beschreibung »gewaltig groß«. Die Staffel stieg weiter auf, doch in einer Höhe von etwas über viertausend Metern war insofern ein kritischer Punkt erreicht, als die Piloten laut Luftwaffenvorschrift bei größeren Höhen Sauerstoff zu verwenden hätten, der hier aber an Bord fehlte. Die Flugzeuge blieben dennoch auf Steigkurs, immer dem unheimlichen Objekt nach. Der Höhenmesser zeigte über sechseinhalbtausend Meter, trotzdem kam die Gruppe dem UFO nicht entscheidend näher! Jetzt schien es den beiden begleitenden Piloten (in den Maschinen NG737 und NG800) an der Zeit, den Rückzug anzutreten; die Grenzwerte schienen bald ausgereizt. Doch der allein zurückbleibende Mantell gab nicht auf – ein Entschluß, der ihm zum Verhängnis werden sollte. Offenbar war er wirklich zu allem entschlossen und hatte sich völlig auf das Rätsel über ihm fixiert. Bereits als die beiden anderen Maschinen abdrehten und einer der Piloten, Lieutenant Hammond, ihm über Funk deren Entscheidung mitteilte, erhielt er keine Antwort von Mantell, dessen eigene Maschine jedoch weiter und weiter nach oben stieg, bis sie schließlich nicht mehr erfaßt werden konnte. Wenig später fanden Suchmannschaften seine havarierte P-51 auf einem Farmgelände, Mantells Leiche lag im Cockpit.

Was war geschehen? Hatte hier erstmals eine feindliche Aktion stattgefunden, der tödliche UFO-Angriff auf den Piloten einer Maschine der US-Air-Force? Ein überaus brisantes und vieldiskutiertes Thema.

Die Umstände sprechen allerdings eher dafür, daß Mantell eine zu große Höhe erreicht hatte und durch den mangelnden Sauerstoff einfach sein Bewußtsein verlor und damit die Kontrolle über das Flugzeug, dessen Motor ebenfalls in zu großer Höhe nicht mehr genügend Sauerstoff zur Kraftstoffverbrennung erhielt und am Ende aussetzte. Mit ziemlicher Sicherheit war jedenfalls jenes UFO nicht direkt für Mantells Tod verantwortlich. Viel unklarer ist aber, was Mantell damals gesehen hat, ob es denn nun wirklich ein UFO war.

Sehr bald nach dem Vorfall wartete die Air Force wieder mit einer beliebten Standarderklärung auf, die allerdings und im Wortsinne völlig aus der Luft gegriffen war: Das vermeintliche »UFO« sei der Planet Venus gewesen! Dies zumindest hatte der Militärgeheimdienstler Major Boggs gegenüber der Presse festgestellt. Abgesehen von der Unsinnigkeit der Behauptung, ein kompletter Stab von Luftwaffenangehörigen habe sich von einem altbekannten Himmelsobjekt narren lassen, war Venus aufgrund der Witterungsbedingungen an jenem Tag von Kentucky aus überhaupt nicht beobachtbar. Also selbst, wenn man die Luftwaffe für derart unfähig hielt, die Venus als Planeten zu kennen und zu erkennen, konnte die Erklärung schlichtweg wegen der momentanen Gegebenheiten nicht zutreffen. Aber schnell folgten andere Interpretationen. Der allwissende Dr. Donald Menzel erklärte, Mantell habe ein landläufig als »Sonnenhund« oder »Nebensonne« bekanntes Phänomen gejagt: helle Reflexionen des Sonnenlichtes an Eiskristallwolken. Am naheliegendsten war freilich wieder einmal der Gedanke »Wetterballon«. Einige kombinierten dann ein bißchen herum, vielleicht, weil ihnen diese bei Roswell erprobte Deutung doch ein wenig zu banal vorkam, und stellten sich vor, wie ein Wetterballon zusammen mit der Venus am Himmel wirken könnte, oder vielleicht zwei Ballone...! Umgekehrt ging es ja nicht – zweimal Venus, einmal Wetterballon! Aber im Ernst: Schien die Annahme etwa nicht plausibel, daß Mantell tatsächlich einen Ballon verfolgte? In jenen Jahren wurden nämlich Tests mit den riesigen »Skyhook-Ballonen« durchgeführt, die bis in die Stratosphäre aufstiegen, einen Bereich der irdischen Hochatmosphäre, der in einer Höhe von etwa dreißig Kilometern über dem Boden beginnt. Niemals hätte Mantell in diese Höhe aufsteigen können, und der weit über hundert Meter große Ballon wäre deutlich sichtbar gewesen. Wenn diese Ballone von den Winden der

I. Das geheime Netzwerk

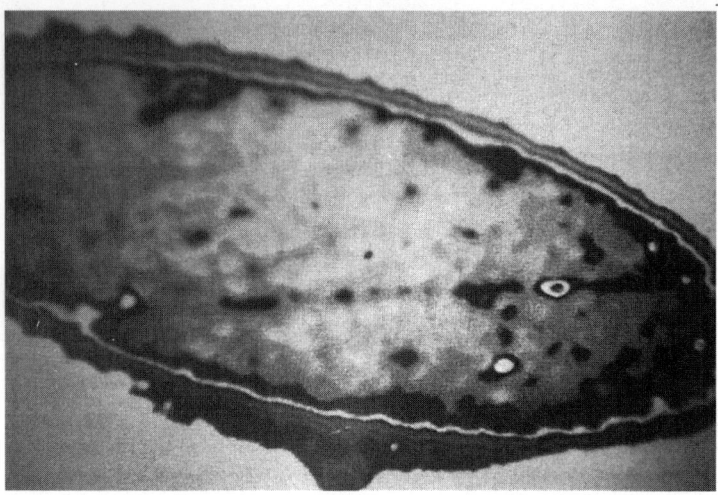

Ein computerverstärktes Bild aus der Foto-Serie des US-amerikanischen Farmers Paul Trent, der im Mai des Jahres 1950 dieses UFO nahe seinem Haus in McMinnville, Oregon, sah. Genaue Analysen zeigen zahlreiche Luftturbulenzzellen, die das Bild des Objektes zackig erscheinen lassen. Sie weisen auf eine relativ große Entfernung und einen Durchmesser von etwa fünfzehn Metern hin. Es handelt sich bei dem abgebildeten Gegenstand also keineswegs um eine banale Auto-Radkappe! Trent muß dementsprechend ein reales Flugobjekt fotografiert haben, so hat es ganz offenbar den Anschein. Aufnahme: Paul Trent

Hochatmosphäre mitgerissen werden, so erreichen sie durchaus Geschwindigkeiten im Bereich von bald dreihundert Stundenkilometern, was wohl die schnelle Bewegung des von Mantell verfolgten Objektes erklären könnte. Demnach dürfte es zwar unsinnig sein, gleich zwei Ballone und dann auch noch die Venus zu einem unerklärlichen Phänomen zusammenzumixen, andererseits aber logisch, einen solchen »Skyhook« als Auflösung des Mantell-Rätsels zu sehen. Und dennoch bleiben Fragen. Die US-Luftwaffe stellte fest, Mantell habe einen Skyhook verfolgt, der damals von

Clinton County in Südohio gestartet worden war. Doch fand dort kein solches Experiment statt. Allerdings stellten die beiden Autoren David Saunders und Roger Harkins schon vor längerer Zeit fest, daß am 7. Januar 1948 ein Skyhook-Ballon von Camp Ripley in Minnesota gestartet worden war, ihrer Ansicht nach genau jenes Objekt, das Mantell zum Verhängnis wurde.

Konnte sich der Pilot wirklich getäuscht haben?

Skyhook-Ballone waren zu jener Zeit in der Tat nicht sehr bekannt, denn sie wurden u. a. in einem Geheimprojekt eingesetzt, bei dem sie Aufklärungskameras über die Sowjetunion tragen sollten. Der erste Skyhook-Start fand am 25. September 1947 statt, allerdings im Rahmen eines zivilen, nicht geheimen Forschungsprojektes. Innerhalb der wenigen Monate bis zum Mantell-Zwischenfall hatte Skyhook möglicherweise auch in militärischen Insiderkreisen keine große Bekanntheit erlangt und konnte Mantell daher völlig fremd gewesen sein. Und dennoch, Forschungs- und Wetterballone waren schon länger bekannt. Kann Mantell von der Sichtung eines tropfenförmigen Objektes, das er eigentlich als eine Art Ballon einstufen hätte können, so fasziniert gewesen sein, daß er, ein Pilot mit rund 3600 Stunden Flugerfahrung, sein Leben bewußt aufs Spiel setzte? Eigentlich würde sein Verhalten nahelegen, daß er irgend etwas wahrnahm, daß ihn von dessen absoluter Einzigartigkeit überzeugte. Seine letzten Worte über Funk könnten belegen, daß er keinen Skyhook verfolgte: »Es ist immer noch über mir«, so gab er an den Tower durch, »hält meine Geschwindigkeit oder fliegt etwas schneller. Ich gehe jetzt auf sechseinhalbtausend Meter. Wenn ich nicht näher herankomme, dann gebe ich die Jagd auf.« – Er war wohl wirklich kurz davor, die Verfolgung zu beenden. Doch was stutzig macht, ist in erster Linie seine Feststellung zur Geschwindigkeit des unbekannten Riesenobjekts. Da er selbst mit etwa sechshundert Stundenkilometern dahinflog, mußte es seinen Worten nach mindestens genauso schnell gewesen sein. Für einen Ballon zu schnell!

Der »Fall Mantell« konnte trotz gegenteiliger Behauptungen bis auf den heutigen Tag nicht geklärt werden. Eine altbewährte Methode der Hinwegerklärung von UFO-Zwischenfällen war und ist aber, Details zu ignorieren und bekannte Himmelsphänomene als wahrscheinliche Verursacher von »UFOs« zu zitieren. Nur ist das kein Beweis – und übrig bleibt: ein Rätsel, lediglich eingepackt in eine beruhigende Deutung!

Doch was macht man, wenn ein unbestreitbar hocherfahrener Himmelsbeobachter etwas sieht, was er schlicht und einfach durch nichts in der Welt erklären kann? Nun, man gibt sich päpstlicher als der Papst und setzt sich über klare Aussagen und die harten Fakten hinweg.

Am späteren Abend des 20. August 1949 saß der berühmte Astronom Clyde W. Tombaugh entspannt auf der Terrasse seines Hauses in Las Cruces, New Mexico. Nach einem sonnigen, heißen Tag genoß er zusammen mit seiner Frau und deren Mutter die nunmehr kühle Abendluft und blickte in alter Gewohnheit öfter zum nächtlichen Himmel hinauf. Tombaugh war vor allem durch seine Entdeckung des äußersten Planeten unseres Sonnensystems, Pluto, bekannt geworden, den er rund zwanzig Jahre zuvor nach einer aufwendigen Suche identifizieren konnte. Doch was er an jenem Abend sah, war selbst ihm so fremd, daß ihm der Atem stockte: Gegen 22.45 Uhr fiel ihm eine Anordnung von etwa sechs bis acht rechteckigen Lichtern gelbgrüner Farbe auf, die sich nach Südosten über die Stadt wegbewegte. Bei genauem Hinsehen erkannte die Familie Tombaugh, daß diese Lichter zu einem dunklen, zigarrenförmigen Objekt gehörten; sie sahen wie erleuchtete Luken aus. Der Astronom war verwirrt.

Da ihn diese so ungewöhnliche Sichtung nicht mehr in Ruhe ließ, verständigte er das FBI, bat aber um Vertraulichkeit in dieser Angelegenheit. Wie sein Bericht dennoch an die Öffentlichkeit gelangte, läßt sich nicht mehr feststellen, doch stand Tombaugh auch später zu dem, was er gesehen und erklärt hatte. Und er war sich auch sicher, daß jenes Phänomen kein Experiment des nahegelegenen »White-Sands«-Testgeländes sein konnte, auf dem er zu jener Zeit selbst arbeitete. Er wußte, daß dort in dieser Phase einfach kein Projekt existierte, daß für eine solche Erscheinung verantwortlich gemacht werden konnte. Der allgegenwärtige Menzel war allerdings auch hier wieder schnell mit einer passenden Erklärung bei der Hand und schrieb das Ganze einer atmosphärischen Spiegelung zu. Originalton Tombaugh hingegen: »Ich zweifle daran, daß das Phänomen sich durch irgendeine Art irdische Reflexion deuten läßt... Ich war so unvorbereitet auf einen solchermaßen fremdartigen Anblick, daß ich vor Erstaunen wirklich regelrecht versteinert war.«

Tombaughs Beispiel widerlegt übrigens auch eindeutig die oft geäußerte Behauptung, daß noch kein Astronom ein UFO gesehen habe! Und sie ist nur ein Beispiel von vielen. Nicht zu vergessen: Hätte es nicht irgendwo im FBI eine undichte Stelle gegeben, wäre auf ursprünglichen Wunsch von Tombaugh nichts über seine Beobachtung bekannt geworden. Sicherlich entscheiden auch andere Astronomen nach ungewöhnlichen Sichtungen, besser nichts darüber verlauten zu lassen, denn nur zu schnell ist der Ruf dahin. Im übrigen sind die Chancen, daß ein Astronom während der Arbeit ein UFO sieht, viel geringer, als gemeinhin angenommen wird. Vielleicht liegt das an dem immer noch recht antiquierten Bild, das sich die meisten machen, wenn sie an diesen vielleicht etwas geheimnisvoll wirkenden Beruf denken. Da sitzt ein träumerisch veranlagter Sonderling zu nächtlicher Stunde an seinem Fernrohr und hat nichts anderes zu tun, als Sterne zu zählen (vielleicht, weil Schäfchenzählen beim Einschlafen nicht mehr hilft) und sich der Faszination über die Größe des Universums hinzugeben. Jede klare Nacht sitzt er bis zum Morgengrauen gedankenverloren unter dem Himmelszelt, freut sich über die kleinste Sternschnuppe, wünscht sich etwas und fällt hundemüde ins Bett, wenn andere aufstehen und zur Arbeit gehen. Nun, wahrscheinlich übertreibe ich jetzt ein wenig, und die Ansichten über die Tätigkeit der Astronomen sind nicht mehr ganz so klischeehaft, doch sicherlich ist so mancher zumindest davon überzeugt, daß Astronomen mehr vom Himmel sehen dürften als alle übrigen Menschen, bis auf Piloten vielleicht, und daher auch mehr UFOs als die Durchschnittsbevölkerung sichten. Doch stellen Sie sich einmal ein Observatorium vor: Die Fernrohre sind in mehr oder minder großen Kuppelgebäuden untergebracht, die in den meisten Fällen sehr ähnlich konstruiert sind. In der Nacht öffnet sich nur ein schmaler Spalt, gerade so breit, daß Sternenlicht zum Spiegel (oder gelegentlich noch zur Linse) des Teleskops gelangt. Doch selbst die durch diesen relativ schmalen Spalt sichtbaren Sterne interessieren die Astronomen überhaupt nicht. Mit Hilfe von Motoren und Computersteuerungen wird das Instrument auf eine vorausberechnete Position gebracht, die Optik deckt bei hoher Vergrößerung nur winzige Himmelsgegenden ab, verschiedenste Meßeinrichtungen fangen das Licht speziell ausgewählter Einzelobjekte auf, und die Wissenschaftler kontrollieren alles von einem eigenen Raum aus, der überhaupt keinen Blick auf den Himmel zuläßt. Jeder der Beteiligten ist mit seiner Arbeit so beschäftigt, daß er dabei überhaupt keine Zeit findet, einen entspannten Blick zu den Sternen zu werfen. Schließlich gilt es, die zur Behandlung eines bestimmten wissenschaftlichen Problems unbedingt nötigen Messungen allesamt zu erhalten; andernfalls müssen beobachtende Astronomen abwarten, bis ihnen erneut Beobachtungszeit zugeteilt wird. Denn in großen Sternwarten ist es auch Fachastronomen nicht einfach möglich, nach Zeit, Lust und Laune ans Fernrohr zu gehen und beliebig lange zu beobachten. Dafür sind diese Instrumente zu selten, und die Zahl der Forschungsprojekte ist zu groß. Jeder hat seinen Termin, und wenn am betreffenden Abend die Wetterbedingungen ungünstig sind, muß ein neuer Antrag auf Beobachtungszeit gestellt werden. Heute herrscht einige Hektik in der Astronomie – keine Zeit zum Träumen oder nach unerklärlichen Objekten bzw. UFOs am Himmel Ausschau zu halten.

Doch die Zahl der bis heute bekannten ernstzunehmenden UFO-Zwischenfälle ist beachtlich genug. Selbst Vorkommnisse, bei denen UFOs meßbare Einflüsse auf ihre Umgebung hatten oder nachweislich Spuren hinterließen, zum Beispiel Verbrennungen, gehen in die Tausende. Der Physiker James McCampbell ist besonders solchen Fällen nachgegangen, Fällen also, die uns die völlige Realität des UFO-Phänomens deutlich vor Augen führen. Denn simple Halluzinationen hinterlassen keine Spuren! Wie er schreibt, ist es nicht nur einmal vorgekommen, daß Zeugen von UFO-Nahbegegnungen in den USA nach alter Wildwestmanier vorgegangen sind und mit der Pistole oder dem Gewehr auf das fremde Objekt geschossen haben. Die Kugeln trafen laut vernehmlich metallische Oberflächen, von denen sie mit pfeifenden Lauten abprallten. Diese oft gut untersuchten Berichte scheinen doch recht anschaulich zu belegen, daß UFOs keine Phantombilder, sondern handfeste, greifbare Objekte aus stabilem und offenbar metallischem Material sind. Von ihnen geht nicht selten auch Strahlung in verschiedenster Form aus, sie bringen Motoren zum Stillstand, ionisieren die Luft oder heizen die Umgebung deutlich auf.

Am frühen Morgen des 13. Dezember 1967 blieb der Amerikaner David Winter (nomen est omen!) mit seinem Wagen in British Columbia, Kanada, auf der Straße liegen, als er sich gerade auf der Heimfahrt befand. Als er ausstieg, um unter der Motorhaube nach der Ursache des Versagens zu sehen, wurde er zum Zeugen einer Erscheinung, die er weder erklären, noch sein gesamtes Leben lang je wieder vergessen konnte.

Etwa hundert Meter von ihm entfernt und geschätzte fünfzehn Meter über dem Erdboden schwebte ein kuppelförmiges, stahlglänzendes Objekt, von dem rote und grüne Lichter ausgingen. Zunächst war er wie gebannt von diesem ungewöhnlichen Anblick, doch dann besann er sich wieder auf sein liegengebliebenes Fahrzeug und die Notwendigkeit, es wieder fahrbereit zu bekommen. Schließlich war ihm die Szene, die er vor sich sah, so unheimlich, daß er lieber schnell davonkommen wollte. Also wandte er sich wieder seinem Wagen zu und stellte fest, daß die Batterie sich ungewöhnlich warm anfühlte. Voll Unbehagen setzte er sich wieder in das Fahrzeug und beobachtete, wie sich das fremde Objekt näherte. Erschreckt registrierte er eine Erwärmung seiner Kopfhaare und diverser Metallgegenstände, besonders eines Kupferringes am Finger. Offenbar heizten sich nur elektrisch leitfähige Materialien auf, während Isolatoren wie Glas oder Gummi unbeeinträchtigt blieben.

Manche Begegnungen mit UFOs hatten fatale Folgen für die Zeugen. Leonard Stringfield berichtet in einem seiner Werke über einen solchen Zwischenfall, der sich demnach im November 1958 zugetragen hat. Ein Ehepaar in einer ländlichen Region Ohios saß abends gerade in aller Gemütlichkeit vor dem Fernseher, als die Ruhe jäh unterbrochen wurde. Mit einem Male wurde der Bildschirm schwarz, während durch das Zimmerfenster ein starker Lichtstrahl fiel. Dem Bericht zufolge blickte das erstaunte Ehepaar hinaus und sah ein rund sechs Meter großes Objekt, das auf dem Gelände vor ihrem Anwesen schwebte. Seinen Augen kaum trauend, ging der Farmer nach draußen, um genauer sehen zu können, was sich dort abspielte. Doch als das unidentifizierte Objekt weiterflog und nunmehr direkt über ihm schwebte, konnte er sich, so schien es, nicht mehr bewegen. Unmittelbar nach dieser Begegnung begann der Mann, sich zunächst unwohl, dann regelrecht krank zu fühlen. Sein Verfall schritt außergewöhnlich schnell voran, und innerhalb von zwei Tagen starb er. Wie Stringfield berichtet, habe der Farmer innere Verbrennungen erlitten, so als ob er Mikrowellenstrahlen ausgesetzt gewesen wäre.

Dieser Fall erinnert an eine Geschichte, die sich Mitte der fünfziger Jahre in Brasilien ereignet haben soll. Während einer Ausflugsfahrt an der Küste Recreio dos Bandierantes wurde ein Ehepaar auf einen riesigen Schatten aufmerksam, der sich über ihr Auto senkte. Über dem Fahrzeug schwebte eine metallische Flugscheibe, die sich lautlos und gleichförmig mit dem Wagen mitbewegte. Wenige Tage nach diesem Ereignis starb der Mann plötzlich und unerwartet, wie es heißt an einer nicht bestimmten Krankheit, während seine Frau von den Ereignissen so geschockt war, daß ihre Haare innerhalb weniger Monate völlig weiß wurden.

Der amerikanische UFO-Forscher Bob Pratt, der vor allem zahlreiche und u. a. tödliche UFO-Fälle aus dem südamerikanischen Staat untersucht hat, berichtet von einem Fall, der sich im Frühjahr 1991 ebenfalls in Brasilien zutrug. Ein junges Ehepaar war am frühen Morgen des 9. März mit seinem Motorrad unterwegs, als ein riesiges Objekt unbekannter Natur über ihm auftauchte. Aus seiner Unterseite kam ein starker Lichtstrahl heraus, der beide Zeugen lähmte – offenbar also tatsächlich ein vor allem durch den Strahl selbst und nicht so sehr durch den Schock der Begegnung ausgelöster Effekt, auch wenn das Paar zutiefst verängstigt war. Die Situation schien zu eskalieren, als auch das Motorrad aussetzte und stehenblieb. Erst nachdem sich das UFO entfernt hatte, ließ sich der Motor wieder starten. Sofort versuchten die beiden, sich aus dem Staub zu machen. Doch nur wenige Kilometer nach dem Punkt der ersten Begegnung tauchte das bedrohliche Objekt wieder auf, verschwand nach wenigen Sekunden, um einige Kilometer weiter ein drittes Mal zu erscheinen. Und dieses Mal löste sich eine Art Feuerball von der Unterseite des Flugkörpers; das Motorrad kam gerade noch zum Stillstand, nur knapp zwei Meter vor dem herunterfallenden Ball, der sich in einem grellen, aber lautlosen Lichtblitz auflöste. Die beiden Zeugen kamen glimpflich davon – lediglich die Frau hatte am nächsten Tag kleine Bläschen im Gesicht, die ihrer Ansicht nach ihre Ursache in dem intensiven Lichtstrahl der anfänglichen Begegnung mit jenem UFO hatten.

Weit dramatischer endete ein UFO-Zwischenfall am 2. Februar 1968, der aus Neuseeland bekanntgeworden ist. Amos Miller, von Beruf Schafzüchter, und sein 17jähriger Sohn waren gerade damit beschäftigt, Weidezäune zu reparieren, als sie von einem lauten Pfeifton aufgeschreckt wurden. Über einem rund zweihundert Meter entfernten Waldstück erschien unmittelbar darauf ein rundes Objekt, von dem ein intensives Leuchten ausging. Wie der Sohn des Farmers später berichtete, waren um das merkwürdige Ding herum etliche Luken zu sehen gewesen, außerdem ein turmförmiges Gebilde auf der Oberseite. Nun bewegte sich etwas unterhalb des Objektes. Vater und Sohn beobachteten angespannt, wie drei Ausleger aus dem UFO herausfuhren und das Fluggerät anschließend zur Landung ansetzte. Wohl allzu bedenkenlos und neugierig lief der Farmer auf das Objekt zu, das er möglicherweise für einen Testflugkörper des Militärs oder der Raumfahrtindustrie hielt. Sein Sohn rief ihn zurück, konnte dann allerdings nur noch beobachten, wie sein Vater etwa auf der Hälfte des Weges zu jenem unheimlichen Fahrzeug von einem Lichtstrahl erfaßt und zu Boden geschleudert wurde. Der siebzehnjährige Junge selbst schien in diesem Moment wie gelähmt, so beschrieb er es der Polizei später – wie er glaubte, war diese Paralyse eine Folge des unsagbaren Schrecks. Amos Miller hatte diese UFO-Begegnung nicht überlebt. Seine Leiche lag in einem Graben nahe der Landestelle, deren Untergrund im Umkreis von rund zwanzig Metern verbrannt war. Eine genaue Untersuchung des Toten ergab makabre Details. So fehlte die Hälfte der Kopfhaut des Mannes, außerdem war ihm das Element Phosphor komplett aus den Knochen entzogen.

Bekannt sind zahlreiche weitere Fälle fataler UFO-Begegnungen, die im Extremfall sogar einen tödlichen Ausgang nahmen. Wenn nur ein kleiner Teil von ihnen über den oft vermuteten anekdotischen Charakter eines simplen Gerüchtes hinausgeht, so verdient dieser verbleibende Prozentsatz ohne Frage ernste Beachtung. Tatsächlich sind nicht wenige Fälle hervorragend belegt. Die Betroffenen wurden eingehend untersucht, Fachleute fanden definitiv von unbekannten Flugobjekten hinterlassene Spuren, vor allem Strahlenschädigungen.

Verblüffende Erlebnisse, verläßliche Zeugen

Wohl einer der interessantesten Fälle, bei denen ein Mensch während einer nahen UFO-Begegnung Verbrennungen und Strahlenschäden davontrug, ereignete sich im Jahr 1967 bei Falcon Lake in Kanada. Der 51jährige Mechaniker und Amateurgeologe Stephen Michalak aus Winnipeg hielt sich am 20. Mai jenes Jahres im Gebiet von White Shell – Falcon Lake auf, um sich eine Quarzader anzusehen. Er war völlig auf seine Untersuchung konzentriert, doch plötzlich schreckte ihn eine Gruppe von Gänsen auf, die laut und ängstlich schnatterten. Michalak drehte sich um und sah zwei rotglühende, zigarren- oder scheibenförmige Objekte am Himmel, von denen eines in etwa fünfzig Meter Entfernung auf einer steinigen Anhöhe zur Landung ansetzte, während das andere schwebend über ihm verharrte. Der unbekannte Flugkörper, der soeben auf dem flachen Felsen gelandet war und einen Durchmesser von geschätzt über zehn Metern besaß, verlor seine intensive Glut langsam und verfärbte sich über Graurot hin zu einem metallischen Schimmer; nun sah der Körper aus wie Stahl, vielleicht mit einem leicht goldenen Hauch. Zwischenzeitlich entfernte sich die über ihm schwebende Scheibe lautlos und schnell. Im Gegensatz dazu gingen von dem gelandeten Objekt deutlich vernehmbare Effekte aus. Michalak, der rund eine halbe Stunde dasaß, um den fremden Flugkörper zu beobachten und zu skizzieren, hörte ein deutliches Surren, das ihn an einen kleinen, hochdrehenden Elektromotor erinnerte. Außerdem gab es noch ein Zischen, wie zum Beispiel bei Ventilen, bei Öffnungen zum Lufteinlaß oder -auslaß.

Der von Natur aus vielseitig interessierte Mann wurde neugierig, besonders, als sich an der Seite des Flugobjektes eine Art Luke öffnete, aus der gleißend helles, purpurfarbenes Licht strömte. Immer wieder drangen auch Hitzewellen aus der Richtung des ungewöhnlichen Mechanismus zu ihm vor sowie ein seltsamer Geruch nach Schwefel. Hätte sich Michalaks Geschichte vor ein paar Jahrhunderten zugetragen, seine Zuhörer dürften wohl geglaubt haben, ihm sei ein Gefährt Satans höchstpersönlich erschienen. Der Mechaniker assoziierte seine Beobachtung natürlich mit ganz anderen Dingen. Er hatte auch ganz und gar nicht den Gedanken, ein UFO im Sinne von vielleicht einem außerirdischen Flugobjekt vor sich zu sehen, sondern war vielmehr überzeugt, daß hier ein möglicherweise geheimer Flugkörper aus dem Raumfahrtprogramm der USA getestet wurde. Er ging daher auf das Objekt zu und glaubte in einem Abstand von rund zwanzig Metern so etwas wie Stimmen zu vernehmen. Er ging weiter und rief einige Worte hinüber, in der Hoffnung, irgend jemand würde ihn hören und antworten. Michalak bot seine Hilfe in mehreren Sprachen an, u. a. in Englisch, Deutsch und sogar Russisch. Doch keine Reaktion. Nunmehr stand der Mechaniker direkt vor dem Objekt. Das Licht, das aus der Öffnung drang, war so hell, daß Michalak selbst durch seine Schutzbrille nicht hinsehen konnte. Glücklicherweise hatte er diese Brille immer bei sich, wenn er geologische Streifzüge unternahm, und mit Hilfe zusätzlicher grüner Gläser, gelang ihm doch, das Licht so sehr zu filtern, daß er seinen Kopf vorsichtig durch die Luke stecken konnte. Dabei fiel ihm auf, daß die Wände des Fluggeräts etwa einen halben Meter dick zu sein schienen. Im Inneren funkten und blitzten Lichtstrahlen umher, doch viel mehr bekam der Mechaniker nicht zu Gesicht. Denn plötzlich schoben sich Metallplatten vor die Öffnung. Das einzige, was unversperrt vor ihm lag, war eine Art Belüftungsplatte mit regelmäßig angeordneten Löchern. Michalak berührte die Oberfläche des Objektes vorsichtig. Er hatte dabei Schutzhandschuhe an. Das Metall war noch so heiß, daß der Gummi sofort schmolz.

Dann ging alles sehr schnell. Der Flugkörper neigte sich und setzte zum Start an. Dabei fing Michalaks Hemd Feuer. Er konnte sich den Stoff gerade noch rechtzeitig vom Körper reißen, um das Schlimmste zu vermeiden, doch erlitt er bereits schwere Verbrennungen. Heiße Dämpfe, die aus dem Lüftungsgitter hervortraten, hinterließen ein entsprechend regelmäßiges Brandmuster auf seiner Haut. Er lief zurück zu der Stelle, an der er seine geologischen Untersuchungen durchgeführt hatte und war sogar noch fähig, festzustellen, daß sich die Nadel in seinem Kompaß völlig wirr bewegte. Als er wieder zum Landeplatz zurückging, bekam er heftige Kopfschmerzen, zudem setzte immer stärker werdende Übelkeit ein.

I. Das geheime Netzwerk

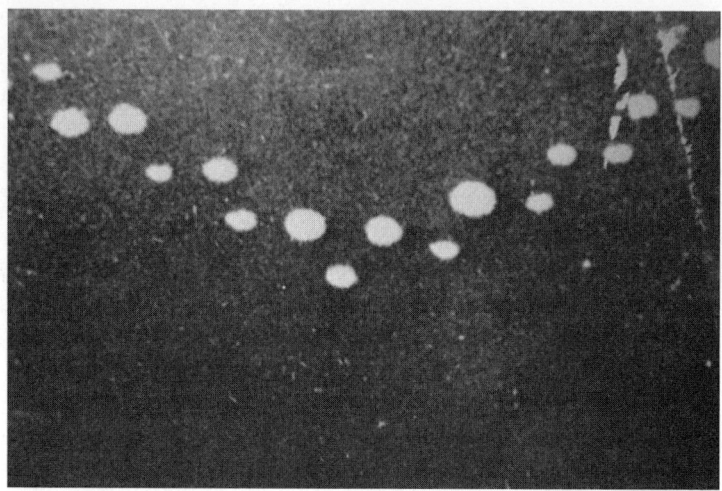

Bumerangförmige Objekte mit utopischen Flugeigenschaften, wie z. B. das über Puerto Rico erschienene, werden immer wieder beobachtet. Im August 1951 fotografierte der junge Amerikaner Carl Hart diese Formation, nach dem texanischen Ort der Beobachtung als »Lubbock-Lights« bekannt. Bis heute ist nicht klar, ob das Foto eine Fälschung oder authentisch ist. Doch hat eine Gruppe von Professoren in derselben Zeit ebenfalls eine UFO-Beobachtung gemacht. Aufnahme: Carl Hart

Im guten Glauben, von der Besatzung gesehen zu werden und im Falle einer Notlandung sogar helfen zu können, hatte Michalak wohl zuviel riskiert. Ihm wurde unmittelbar nach dem Verschwinden des unidentifizierbaren Objektes so unwohl, daß er andauernd von Brechreiz und Schmerzen geplagt wurde. Er stellte auch einen starken Verlust seiner Sehkraft fest, was ihm beinahe unmöglich machte, das Waldgebiet eigenständig zu verlassen. Sein allgemeiner Gesundheitszustand war tatsächlich äußerst kritisch, Michalak warf Galle aus und konnte tagelang nichts zu sich nehmen, auch kaum Flüssigkeiten. So nahm er innerhalb kürzester Zeit radikal ab und litt an ständigen Hautinfektionen und -entzündungen. Offenbar hatte er nicht nur unter dem Einfluß starker Hitze gefährliche Verbrennungen davongetragen, sondern war darüber hinaus sogar radioaktiver Strahlung ausgesetzt gewesen. Medizinische Untersuchungen ergaben, daß ein Teil von Michalaks Knochenmarkzellen abstarb und sich außerdem die Zahl der weißen Blutkörperchen verringerte, ganz wie bei radioaktiver Verstrahlung zu erwarten. Der Zeuge wurde von über zwei Dutzend Ärzten untersucht und genauestens zu seinem Erlebnis befragt. Einer der Ärzte erklärte, daß Michalak eindeutig an den Folgen der Strahlung gestorben wäre, hätte sie noch etwas länger eingewirkt. Andererseits ergaben eine Woche nach dem Zwischenfall durchgeführte Tests des »Whiteshell Nuclear Research Establishment«, daß keine Strahlung über dem normalen Niveau vorlag. Seltsam.

Noch viele Wochen nach seiner unerklärlichen und so folgenschweren Begegnung befand sich Michalaks Körper in Aufruhr. Neben allgemeinen Schwellungen zeigten sich vor allem auf der Brust Rötungen, also genau, wo die heißen Dämpfe aus den etwa je einen halben Zentimeter breiten Löchern auf ihn getroffen waren.

Ein in vielerlei Hinsicht höchst ungewöhnlicher Fall, der bis heute nicht zufriedenstellend aufgeklärt werden konnte. Der Flugkörper, den Stephen Michalak aus nächster Nähe zu inspizieren versuchte, schien ihm von Menschenhand gefertigt, dennoch zeigte er bereits damals, vor nunmehr über dreißig Jahren, Eigenschaften, die ganz offenbar selbst mit der heutigen Technologie noch nicht erreicht sind. Denken wir allein nur daran, daß anfangs zwei rotglühende Körper am Himmel auftauchten, die keine Flügel besaßen. Interessant ist in diesem Zusammenhang auch die Aussage des Zeugen, daß das eine Objekt über ihm im Schwebflug verharrte und dabei keinerlei Geräusche von sich gab. Es habe sich daraufhin sehr schnell fortbewegt! An der Landestelle des anderen UFOs wurden im Umkreis von rund fünfzehn Metern alle losen Bestandteile des Bodens durch die Wirkung des unheimlichen Flugapparates davongefegt; die Vegetation war an diesem Platz voll und ganz abgetötet.

Natürlich hat der Michalak-UFO-Fall so einiges Aufsehen in der Öffentlichkeit erregt. Sehr interessant ist dabei das Verhalten offizieller Stellen. Von seiten der Königlichen Kanadischen Luftwaffe (Royal Canadian Air Force) wurde zunächst ganz pauschal festgestellt, die Geschichte sei nichts als ein Schwindel. Doch im Nationalen Verteidigungsministerium (Department of National Defence, DND) erklärte man immerhin, daß keinerlei Hinweise bestünden, seinen Bericht anzufechten.

In seinem hervorragenden Buch »Beyond Top Secret« beleuchtet der bekannte englische UFO-Autor Timothy Good die offiziellen Reaktionen auf den Michalak-Fall und erinnert daran, daß der Parlamentsangehörige Ed Schreyer im kanadischen »House of Commons« nur einen Monat nach dem Vorfall Erkundigungen zu UFO-Informationen einholte. Seine Anfrage stand selbstverständlich vor dem Hintergrund des damals gerade so aktuellen Falls, bei dem der Zeuge immerhin Verletzungen davongetragen hatte, die sich niemand erklären konnte. Doch das wohl allzu unbequeme Nachhaken Schreyers stieß naturgemäß auf wenig Gegenliebe. Die Regierung antwortete nicht.

Trotzdem schlief die Angelegenheit nicht so schnell ein. Anfang November 1967 fühlte sich der Verteidigungsminister Leo Cardieux wohl doch verpflichtet, zumindest eine Reaktion auf die Nachfragen mehrerer Kabinettsmitglieder zu geben, die nach Informationen über Michalaks Erlebnis verlangten. Nur leider war diese Reaktion alles andere als zufriedenstellend. Cardieux erklärte, es sei nicht die Absicht des Verteidigungsministeriums, den Bericht der angeblichen Sichtung öffentlich bekannt zu machen. Was sollte das nun wieder bedeuten? Die Sache wurde immer merkwürdiger, und Ed Schreyer schien unter diesen Umständen wohl deutlich zu spüren, daß Michalak kein Lügner war, vielmehr aber jemand, dessen Erlebnis offenbar zu brisant war, um in der Öffentlichkeit Kreise zu ziehen und dann auch noch ernst genomen zu werden. Das Ganze roch vielmehr förmlich nach Vertuschung. So richtete Schreyer am 11. November eine formelle Anfrage an die »Commons«, um nähere Informationen zum UFO-Thema zu erhalten. Das änderte nichts an der Situation – allgemeines Schweigen beherrschte die Szene weiterhin.

Fast ein Jahr später erlebte der Abgeordnete Barry Mather eine Überraschung. Der Parlamentsvorsitzende Donald McDonald verweigerte ihm doch tatsächlich den Zugang zu Berichten über den Fall von 1967. Irgend etwas mußte hinter den Kulissen ablaufen; ein Verdacht, der sich noch verstärken sollte. Denn im Februar 1969 erhielt Mather dann doch noch die Genehmigung, Einblick in UFO-Akten zu bekommen. Erwirkt wurde dies offensichtlich von einem Mitglied des Geheimen Staatsrates. Warum in aller Welt jetzt auf einmal? Fast hatte es den Anschein, als ob irgend jemandem nicht paßte, daß die UFO-Informationen zu deutlich abgeblockt würden. Schließlich könnte alleine diese Tatsache als Beleg ihrer Brisanz geäußert werden. Um zu belegen, nichts zu verbergen zu haben, wäre es nunmehr lediglich ein diplomatischer Akt, scheinbare Offenheit an den Tag zu legen und den gewünschten Zugang zu den Akten zu gewähren. Diese Version der Hintergründe fußt nicht auf reiner Spekulation. Denn mit Offenheit und Ehrlichkeit in der UFO-Frage war es nun wirklich nicht weit her. Das Material war nicht komplett, Seiten fehlten, hier hatte eine deutliche Zensur stattgefunden! Zu allem kam dann die befremdliche Aussage, die vollständige Freigabe des Materials stehe nicht im öffentlichen Interesse und würde einen gefährlichen Präzedenzfall schaffen, welcher der guten Verwaltung der Staatsgeschäfte nicht förderlich wäre. Bis heute sind die Akten des UFO-Falles »Stephen Michalak« nicht in vollem Umfange auf den Tisch gekommen.

Ein Fall aus jüngerer Zeit und mit vergleichbaren Folgen, der ebenfalls weltweites Aufsehen erregte, ereignete sich am 29. Dezember 1980 auf einer einsamen Landstraße in der Nähe von Huffman, Texas, unweit von Houston. Betty Cash, eine 51jährige recht erfolgreiche Geschäftsfrau aus dem texanischen Städtchen Dayton, war zusammen mit ihrer Angestellten Vicky Landrum, zu der sie ein freundschaftliches Verhältnis hatte, und deren siebenjährigen Enkel Colby auf der Heimfahrt entlang der FM 1485, der »Farm-to-Market«-Straße Nummer 1485, als gegen neun Uhr abends zunächst der Junge auf ein helles Licht am Himmel aufmerksam wurde. Zwar hatte der tagsüber bedeckte Himmel mittlerweile aufgeklart, doch für einen Stern oder Planeten war dieses Objekt zu hell. Viel zu hell! Das zunächst noch zwischen den Baumwipfeln schwebende Licht kam recht schnell näher, denn Betty Cash fuhr mit ihrem nagelneuen Oldsmobile direkt darauf zu, und auch das Objekt selbst bewegte sich ihnen entgegen, flog schließlich direkt über die Straße, so daß es ihnen den Weg regelrecht versperrte. Es ging exakt über der langen, geraden Straße nieder und schien zum Landen ansetzen zu wollen. Deutlich sahen die drei Zeugen nun ein rautenförmiges Leuchtobjekt vor sich, das wie ein Diamant aus Feuer aussah. Die Flammen jenes riesigen unerklärlichen Etwas nicht einmal vierzig Meter vor ihnen verängstigten die Insassen des Wagens zutiefst. Mrs. Landrum und Colby schrien auf, sie würden verbrennen, und Mrs. Cash stoppte so schnell sie konnte. Nun standen sie alleine in der Landschaft, alleine mit dem unheimlichen schwebenden Feuer, und wußten weder, was sie tun sollten, noch was ihnen bevorstand. Wie wäre ihnen das auch möglich gewesen? Mrs. Landrum begann zu beten und versuchte Colby aus ihrer rein religiösen Sicht der Dinge heraus zu beruhigen, er habe nichts zu befürchten, denn dort vorne sei Jesus, der ihnen nichts anhaben wolle. An UFOs dachte jedenfalls niemand in diesem Moment. Doch die vermeintlich heilige Manifestation schien in der Kälte jener Winternacht ein regelrechtes Höllenfeuer zu schüren, das bald unerträgliche Ausmaße annahm. Nicht einmal mehr die Klimaanlage nutzte etwas. Die beiden Frauen und Colby drängte es trotzdem nach draußen, die schnelle Aufheizung ihres Wagens flößte ihnen Furcht ein. Der Flugkörper gab ständig ein pfeifendes oder piepsendes Geräusch von sich. Nach einigen Minuten wollte Colby unbedingt wieder in den Wagen, am längsten hielt sich Betty Cash außen auf und blickte wie unter Hypnose starr ins Feuer. Doch dann stieg auch sie wieder ein, wobei sie die Tür mit ihrem Mantelzipfel öffnen mußte, so heiß war sie geworden.

Ziemlich im selben Moment ließ der Feuerstrom des glühenden Flugobjektes nach, es stieg auf und entfernte sich, während eine ganze Armada von Hubschraubern auftauchte, die es zu verfolgen schienen – es mußten etwa dreiundzwanzig an der Zahl sein.

Auch wenn Vicky Landrum tatsächlich sehr religiös war, so hatte sie natürlich vor allem deshalb vom Erscheinen Jesu gesprochen, weil sie Colby beruhigen wollte. In Wirklichkeit vermutete sie bald, daß sie einem neuen Testobjekt der Regierung, irgendeinem verrückten Flugzeugtyp oder einer Rakete begegnet waren, jedenfalls einem US-amerikanischen Flugkörper. Die Hubschrauberflotte schien das nur zu bestätigen.

Bereits als die drei verstörten Zeugen zu Hause angekommen waren, zeigten sich erste Zeichen der Erschöpfung und Übelkeit als Vorboten einer ernsten Erkrankung. Und ähnlich wie bei Michalak wurden die Nacht der Begegnung sowie die Folgezeit zu einem Gestalt gewordenen Alptraum.

Genau wie bei ihm traten nunmehr die typischen Anzeichen von Strahlenkrankheit auf: Appetitlosigkeit, Kopfschmerzen, Übelkeit, Durchfall, Erbrechen, Hautreizungen, Haarausfall usw. Die Haut der Zeugen sah aus wie nach einem Sonnenbrand, die Augen waren geschwollen, am schlimmsten traf es natürlich Betty Cash, die sich am längsten außerhalb des Wagens aufhielt. Sie bekam sogar Brustkrebs, und eine Amputation wurde unvermeidlich. Aufgrund der naheliegenden Vermutung, daß sie Opfer eines durch ein Flugobjekt der US-Regierung verursachten Unfalls geworden waren und aufgrund der schwerwiegenden Folgen, die bleibende Schäden und Berufsunfähigkeit mit sich brachten, verklagten die beiden Frauen den amerikanischen Staat auf zwanzig Millionen Dollar Schadenersatz. Im August 1986 wurde diese Klage endgültig abgelehnt, da niemand offiziell für den Zwischenfall verantwortlich zeichnete. Den klaren Aussagen zufolge betrieb oder besaß keine der in Frage kommenden amerikanischen Behörden ein derartiges Flugobjekt, weder die Luftwaffe noch die Armee, noch die Marine oder etwa die zivile Raumfahrtbehörde NASA. Sicherlich, wer zahlt schon gerne Schadenersatz, besonders, wenn es um eine solche Summe geht! Doch sollte sich jemals herausstellen, daß die Verantwortlichen, wer auch immer diese sind, eine kapitale Lüge in Kauf nahmen, nur um sich aus der Pflicht zu ziehen, dann freilich wären die Konsequenzen fatal. Welcher Betreiber könnte aber andererseits, außer den USA selbst, noch in Betracht kommen? Die Absage jeglicher US-Behörde, der Betreiber zu sein, läßt aus dem Objekt eindeutig ein UFO werden, ein unidentifiziertes fliegendes Objekt! Und darüber hinaus handelte es sich um ein Objekt, das nachweislich eine gefährliche Strahlung emittierte, eine Strahlung, die Menschen verletzte und deutliche Spuren hinterließ. Der Wagen von Betty Cash war von der Hitze beschädigt worden, vor allem die Kunststoffteile. Die Pflanzen in der Umgebung wiesen Verbrennungen auf, und selbst die Straße hatte Schäden davongetragen. Im übrigen waren Betty Cash und Vicky Landrum sowie ihr Enkel zwar die einzigen, die dem UFO bis auf lediglich wenige zig Meter nahe kamen, doch waren sie längst nicht die einzigen Zeugen, die das leuchtende Objekt und eine geballte Hubschrauberaktivität in jener Nacht und sogar noch davor bemerkten. Bereits zwei Tage früher beobachteten nämlich zahlreiche Zeugen ungewöhnliche Lichterscheinungen in Kentucky; auch hier wurden bald Hubschrauber gesichtet. Frank Chin, ein Hilfssheriff aus Kentucky, sah am 28. Dezember ein glühendes diamantförmiges Objekt am Himmel; dann, am so folgenreichen nächsten Abend, wurden der Polizist L. Walker und seine Frau auf zahlreiche Hubschrauber aufmerksam. Von Dayton aus, dem Wohnort der Hauptzeugen, fiel dem Ölfeldarbeiter Jerry McDonald ein UFO auf, das genau aussah wie das mittlerweile als »Cash-Landrum-Objekt« berühmte UFO von Huffman. Die Bäckerin Belle Megee konnte die UFO-Erscheinung aus eigenem Erleben genauso bestätigen wie die Zwillinge Jason und Jesse Williams, etwa im Alter von Colby, Jan Moffett aus Houston und viele weitere Zeugen aus der Umgebung.

Nur nebenbei sei der aber vielleicht bedeutende Umstand bemerkt, daß sich in den Tagen vor dem Cash-Landrum-Zwischenfall in Großbritannien eine gut dokumentierte UFO-Landung ereignete: In den Tagen vom 26. bis zum 28. Dezember fanden äußerst merkwürdige Vorfälle um die damals von England und den USA gemeinsam betriebene Militäranlage Bentwaters/Woodbridge statt, zu deren Zeugen Militärangehörige wurden. Es scheint sogar zu einer Begegnung eines hochrangigen Militärangehörigen (Colonel Gordon Williams) mit fremden Wesen gekommen zu sein. Ob ein engerer Zusammenhang zu der unmittelbar darauf folgenden Sichtung von Betty Cash und den beiden

I. Das geheime Netzwerk

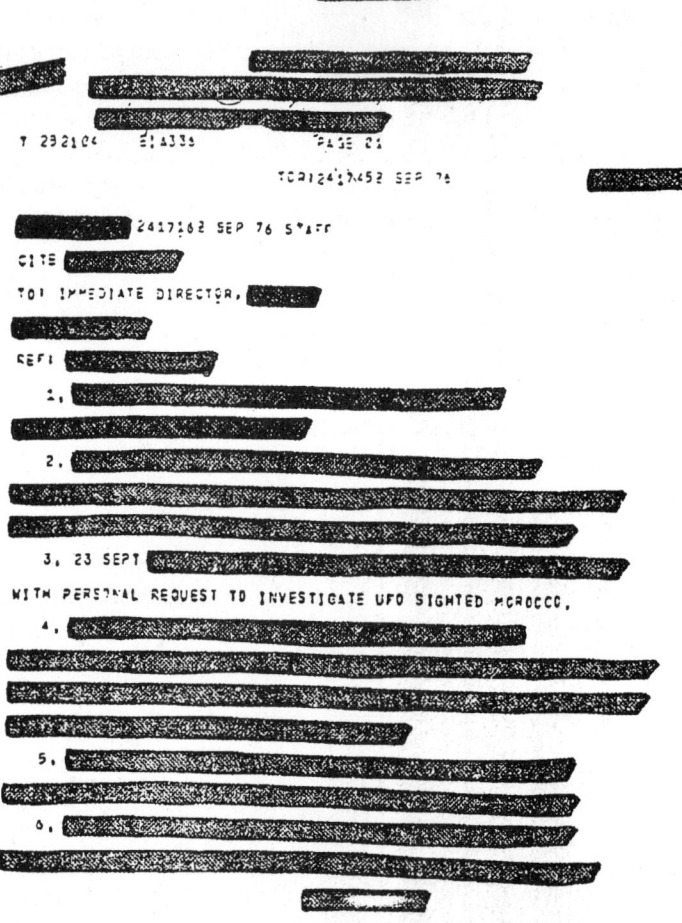

Informationen über das UFO-Thema sind hochvertraulich, bis heute. Dies belegen zahlreiche Dokumente, die nach Freigabe ähnlich aussehen wie diese Seite hier! Viel jedenfalls läßt sich an Information nicht gewinnen. Doch manchmal sagt solches Material mehr als tausend Worte!

Landrums bestand, läßt sich zur Zeit allerdings nicht sagen.

I. Das geheime Netzwerk

Der Fall von Huffman hatte sich also mit Sicherheit zugetragen, jenseits aller Zweifel.

Die Frage bleibt: Wer außer den Amerikanern wäre imstande, ein so utopisches Flugobjekt zu bauen und einzusetzen? Immerhin legte es neben seinem höchst ungewöhnlichen äußeren Erscheinungsbild eine beachtliche Manövrierfähigkeit an den Tag, die selbst von den Hubschraubern nicht erreicht wurde! Welche fremde Nation wäre in der Lage, ein offenbar nukleare Strahlung abgebendes Flugobjekt weit in den US-amerikanischen Luftraum einzuschleusen, dazu in der Nähe der Großstadt Houston, und nahezu auf Bodenhöhe zu bringen? Schon beim Eintritt eines solchen Körpers in den Luftraum der Vereinigten Staaten wäre der Einsatz massiver Militärtechnologie zwangsläufig zu erwarten und dazu im mindesten eine sensible internationale Krise. Wozu, so fragt sich dann auch, stehen den USA im Rahmen des Luftraumverteidigungskommandos ausgeklügelte Frühwarnsysteme zur Verfügung, wenn diese Systeme bei weitem nicht früh genug warnten, um das Eindringen eines solchen Fremdlings in den zu schützenden Luftraum zu verhindern! Diese Gedanken legen wiederum den Schluß nahe, daß einige aus offenbar verläßlichen Quellen stammende Gerüchte tatsächlich stimmen und der »Cash-Landrum-Diamant« nichts anderes war als ein Objekt der Amerikaner selbst. Dieses Objekt muß dann wohl außer Kontrolle geraten sein. Und wieder gibt es Probleme. Nicht, weil irgendeine der offiziellen Stellen dann die Unwahrheit gesagt haben muß – so etwas kommt nachgewiesenermaßen durchaus immer wieder vor – nein: ganz einfach, weil es kaum plausibel scheint, daß die USA einen etwaigen Test eines so gefährlichen Flugkörpers bedenklich nahe einer Millionenstadt wie Houston ausführen sollten, anstatt irgendwo in der Einsamkeit des amerikanischen Westens mit seinen zahlreichen riesigen Versuchsgeländen. Wir stehen hier wirklich vor einem Dilemma: Denn offenbar steckten weder die USA noch eine andere Nation hinter dem Vorfall. Wer aber, wer war es dann?

Denkbar wären zwei Antworten auf diese Frage.

Entweder agierte hier eine unbekannte irdische Macht oder aber eine außerirdische. Eine technologisch weit über das uns bekannte Maß hinaus entwickelte Macht könnte von allen möglichen Orten aus operieren. Der Umstand, daß offenbar eine Häufung von UFO-Sichtungen in den USA auftritt, könnte darauf hinweisen, daß ein bevorzugtes Interesse der fremden Übermacht an der irdischen Supermacht besteht, vielleicht aber auch darauf, daß diese Objekte in den USA beherbergt sind und von dort aus operieren. Der Umstand des überraschend geringen militärischen Widerstandes im Falle »Huffman-Diamant« scheint wiederum nahezulegen, daß die USA dessen Herkunft kennen. Alles in allem, am Ende einer langen Kette von Überlegungen und bei Berücksichtigung von Informationen aus Insiderkreisen bleiben kaum Alternativen zur Erklärung eines Falles wie Huffman. Wie Sie bald sehen werden, gibt es Hinweise dafür, daß innerhalb des ohnehin unüberschaubaren Behörden- und Regierungsapparates der Vereinigten Staaten ein hochspezialisiertes und ebenso geheimes Segment existiert, dessen Aufgabenfeld alles umfaßt, was mit UFO-Technologie zusammenhängt. Noch sind dafür keine Beweise verfügbar – in Anbetracht der extremen Klassifizierung überhaupt kein Wunder. Doch bei Berücksichtigung sämtlicher verfügbarer Quellen und Informationen kristallisiert sich mehr und mehr heraus, daß eine vielleicht sogar weitgehend von der offiziellen Regierung abgekoppelte und sogar höherstehende »Satellitenregierung« die Fäden bei der Erforschung diverser Aspekte bereits vor langer Zeit sichergestellter UFO-Technologie in der Hand hält. Natürlich mag zunächst merkwürdig, weil paradox klingen, wenn hier so ohne wei-

I. Das geheime Netzwerk

Der amerikanische Geheimdienst National Security Agency (NSA) verfügt über ein weltweites Netz an Überwachungsanlagen. Aus geheimen Dokumenten geht auch hervor, daß die NSA über bis heute klassifizierte UFO-Informationen verfügt. Hier der NSA-Horchposten von Menwith Hill im Norden Englands. Aufnahme: Andreas v. Rétyi

teres von einer *Satelliten*regierung die Rede ist, die gleichzeitig höher als die »eigentliche« Regierung stehen soll. Doch sollte uns dies nicht weiter stören, denn diese Bezeichnungen können der bestehenden Situation wohl ohnehin nur annähernd gerecht werden.

In einer ziemlich mißglückten US-Fernsehsendung, die am 14. Oktober 1988 ausgestrahlt wurde (»UFO Cover-up? – Live«), erklärte ein dubioser Informant, angeblich ein Regierungsagent, der unter dem Decknamen »Falcon« anonym aufgetreten war, Betty Cash und die Landrums hätten ein außerirdisches Raumschiff im Testflug durch irdische Piloten gesehen. Die Männer hätten schwere Probleme bei der Steuerung des fremden Objekts gehabt und seien folglich von einer speziellen Hubschrauber-Rettungseinheit angeflogen worden. Als »Falcon« seine Aussagen machte, saßen Betty Cash und Vicky Landrum im Fernsehstudio und hörten wie gebannt zu. Zwar ist bis heute nicht klar, wie weit den Angaben von »Falcon« getraut werden darf – viele halten das meiste für ausgesprochenen Unsinn, gewiß zurecht – doch immerhin wurden zumindest einige Äußerungen wiederholt und völlig unabhängig von ihm bestätigt.

Schon recht lange kursieren im übrigen ähnliche Gerüchte über ein geheimes Programm, innerhalb dessen außerirdische Flugtechnologie von hochbegabten irdischen Testpiloten geflogen wird. Dieses Programm soll den Code-Namen »Redlight – Rotlicht« tragen, während das Kürzel HPAC die Mission beschreibt. Dahinter verbirgt sich, so heißt es, die Bezeichnung »Human Piloted Alien Craft« – von Menschen geflogene fremde Flugobjekte.

Aus einigen Informationen, wie ich sie durch langen Kontakt zu einem US-Luftwaffenangehörigen erhalten habe, geht die reale Existenz eines Programmes namens HPAC eindeutig hervor. Die eigentliche Quelle dieser Information trägt eine hohe Sicherheitsfreistellung und arbeitet innerhalb der nordamerikanischen Luftraumverteidigung auf der Falcon Air Force Base in Colorado. Aufgrund der Brisanz der Thematik herrscht in engeren Kreisen, also unter Personen, die einige Fakten kennen, keine geringe Angst, da jeder, der zuviel nach außen trägt, sehr ernsten Bedrohungen ausgesetzt ist. So fallen nicht selten Bemerkungen wie: »Ich kann dazu nichts sagen. Wir haben alle Angst, daß wir erschossen werden oder noch schlimmer. Wir haben Angst um unsere Familien!« – Natürlich kann nahezu niemand einzig und ausschließlich schweigen, wenn die Last eines derartigen Geheimnisses auf ihn drückt. So werden gelegentlich versteckte Andeutungen gemacht, unter vorgehaltener Hand fallen Bemerkungen, die als nichts anderes denn pure Gerüchte kolportiert werden und schließlich als unglaubwürdige Geschichten an die Öffentlichkeit dringen, jene ahnungslose Öffentlichkeit, der ohnehin schon die verrücktesten UFO-Märchen aufgetischt wurden.

Aus dem ursprünglichen, sehr spärlichen Informationsfluß aber lassen sich zuweilen in der Tat hochinteressante Einsichten gewinnen. Jedenfalls war eine der Aussagen meines Informanten bezüglich der UFO-Thematik: »Es gibt ein spezielles, hochgeheimes Programm, das nun als HPAC bezeichnet wird, Humanoid Piloted Alien Craft. Es gibt zwei Zentralen für dieses Projekt. Eine ist lokalisiert auf Wright Patterson, die andere in Roswell.« Dem aufmerksamen Leser wird nicht entgehen, daß hier von »humanoid« die Rede ist, also von »menschenähnlichen«, nicht von »humans« – »Menschen«. Es ist nicht feststellbar, ob dieser Unterschied auf einem Irrtum, auf bewußter Fehlinformation oder Unkenntnis einer der Quellen basiert; wenn wir die Behauptungen über die Anwesenheit außerirdischer Wesen auf der Erde nicht von vornherein und prinzipiell ablehnen wollen – was mit genauem Blick auf all die dafür sprechenden Informationen nahezu ein Unding ist –, dann sind ohnehin beide Möglichkeiten gleichzeitig für HPAC denkbar: nämlich, erstens, daß Menschen UFO-Technologie oder Nachbauten selbst testen, und – zweitens – daß außerdem humanoide Wesen in irgendeiner Form an solchen Aktionen beteiligt sind. Unglaublich? Verrückt? Vielleicht! Und doch möglich. Seit langer, sehr langer Zeit hat es offenbar »Begegnungen« gegeben; für »Roswell« gibt es bis heute keine zufriedenstellende »Normal-Erklärung«; gut untermauerte Sichtungsberichte, UFO-Akten und Zeugenaussagen geben uns sicher noch für viele Jahre schwer zu denken.

Jener Geheimnisträger auf der Falcon AFB, der die so kurz gehaltenen Andeutungen zu HPAC und den nicht uninteressanten Lokalitäten der HPAC-Steuerzentralen machte, bemerkte unter anderem: »Es ist ein Standardvorgehen, jeden nicht eingeweihten Militärangehörigen, der im Dienst eine Begegnung mit Außerirdischen hat, im Bedarfsfall sogar zu töten.«

Sie sehen, das Thema Außerirdische ist durchaus ein wunder Punkt in den Reihen der Militärs und Regierungsleute. Für manch einen kann Wissen durchaus Macht sein, für manch anderen kann zuviel Wissen sehr gefährlich werden. Die HPAC-Quelle warnte meinen Air-Force-Freund und mich daher in absolut wohlgemeinter Weise, bestimmte Recherchen unbedingt fallenzulassen, da uns dabei mehr zustoßen könne, als wir vielleicht glaubten. Allein den falschen Leuten die falschen Fragen zu stellen könne fatal enden, besonders, da man doch nie wisse, wer die falschen Leute seien.

Wie bedeutend UFOs in Wirklichkeit sind, welchen Stellenwert sie entgegen all der verharmlosenden offiziellen Behauptungen einnehmen, das zeigen nicht zuletzt zahlreiche Dokumente, wie sie bei allen einflußreichen Behörden der Vereinigten Staaten und vieler anderer Nationen lange Zeit unter Verschluß gehalten wurden. Dies sind die wahren »X-Akten«; und jene unter ihnen, die mittlerweile an die Öffentlichkeit gelangt sind, lassen erahnen, welch unfaßbare Informationen zum (größten) Teil noch in den Geheimarchiven schlummern – an Orten, zu denen zwangsläufig nur sehr wenige Menschen Zugang haben.

Geheime Dokumente

Normalerweise antworten die Repräsentanten jeglicher staatlichen Behörde auf konkrete Anfragen nach UFO-Informationen und -Akten mit der stereotypen Phrase, man habe innerhalb der eigenen Behörde keinerlei Interesse an der Thematik, es gebe keine Beweise für die Echtheit von UFO-Berichten und Fotos von fliegenden Scheiben. Niemand würde folglich irgendwelche Untersuchungen darüber anstellen oder Material sammeln. Heute verweisen einige Institutionen – wenn es hoch kommt – auf andere öffentliche Stellen wie zum Beispiel Luftwaffenarchive, in denen die einen oder anderen UFO-Berichte aufbewahrt seien, rein aus historischen Gründen und da man in der Anfangsphase der UFO-Beobachtungen dem vermeintlichen Phänomen nachgegangen sei, bis dann eben schnell klar war, daß UFOs nichts als Täuschungen oder Schwindel seien. Man gibt sich in dieser Sache gerne souverän und über jeden Zweifel erhaben, manchmal geradezu ein bißchen jovial. Wenn wir uns aber einmal anschauen, wie viele Behörden vornehmlich in den USA ernsthaft UFO-Forschung betrieben haben und immer noch betreiben, wenn wir einmal einen Blick auf die Inhalte und Geheimhaltungsstufen solcher Untersuchungen werfen (soweit bisher eben möglich), dann müßten wir schon auf beiden Augen blind sein, um nicht zu erkennen, in welch krassem Widerspruch die Beteuerungen zu den Fakten stehen! Vor Jahren und Jahrzehnten war die Situation nicht anders. Oft jagte gerade derjenige den UFOs am intensivsten hinterher, der nach außen hin das größte Desinteresse vorspielte.

Heute wissen wir, daß sowohl die US-Luftwaffe als auch das FBI (Federal Bureau of Investigation), die CIA (Central Intelligence Agency), die NSA (National Security Agency), das NRO (National Reconnaissance Office) und zahlreiche andere Behörden der USA ebenso wie anderer Staaten ein reges Interesse an der UFO-Frage hegen. Und das, wie gesagt, schon sehr lange.

In den wahrhaft heißen Sommertagen des Juli 1947, in denen der zwar bis heute in vielerlei Hinsicht mysteriös gebliebene, aber durch unzählige Zeugenberichte doch recht transparent gewordene Roswell-Zwischenfall die US-Luftwaffe in Aufruhr brachte, schaltete sich auch das berühmte

FBI, die US-Bundespolizei, in die Untersuchungen ein. Der lokale Radioreporter McBoyle war am 8. Juli offenbar bis zur Absturzstelle des unidentifizierten Objektes vorgedrungen; aufgeregt telefonierte er in die Zentrale des Senders, nach Albuquerque. So, wie er sich verhielt und alles schilderte, schien er die Sache ernst zu meinen, und die Operateurin, mit der er sprach, tippte den Bericht McBoyles sofort in den Fernschreiber. Nun geschah allerdings offenbar etwas sehr Seltsames. Das Gerät setzte aus, dann klingelte es, worauf ein Telex des FBI eintraf, man solle die Übertragung auf FBI-Befehl sofort einstellen! Interessant ist auch ein anderes Telex des FBI, ebenfalls vom 8. Juli 1947, das als dringend betitelt ist und sich auf den Absturz bei Roswell bezieht. Es wird oft als Beweis angeführt, daß damals ein simpler Wetterballon geborgen wurde, denn in diesem Telex vom FBI-Büro in Dallas/Texas an das Büro in Cincinnati heißt es: »Hauptquartier 8th Air Force informierte dieses Büro telefonisch, daß ein als fliegende Scheibe beschriebenes Objekt... nahe Roswell New Mexico geborgen wurde und teilt weiter mit, daß das gefundene Objekt einem Wetterballon mit Radarreflektor ähnelt.« Doch weiter steht darin eindeutig nachzulesen, »daß sich diese Vermutung laut einem Telefongespräch zwischen Ihrem Büro und Wright Field nicht bestätigt hat«.

Damit ist klar, auch wenn eine gewisse Ähnlichkeit mit einem Ballon bestand, das geborgene Objekt war kein solcher. Natürlich sagt das nichts über seine eigentliche Natur aus, ganz bestimmt nichts darüber, ob es sich nun dabei um Bestandteile eines außerirdischen Raumfahrzeugs gehandelt hat oder nicht. Allerdings zeigte das FBI sehr bald Interesse an dem Fall wie auch am UFO-Phänomen insgesamt, schon bevor eine offiziell abgesegnete FBI-UFO-Forschung einsetzte. Heute sind Hunderte, ja Tausende von Seiten mit FBI-Dokumenten zum UFO-Thema veröffentlicht worden, wobei zahlreiche weitere Akten unter Verschluß gehalten werden. Und wenn überhaupt, so schienen doch nur sehr wenige etwas über die wahre Natur und Herkunft der fliegenden Scheiben zu wissen.

Am 9. Juli 1947 traf sich FBI-Special-Agent Reynolds mit dem Pentagon-General George F. Schulgen, um eine Zusammenarbeit in Sachen UFOs zu besprechen. Laut einem FBI-Dokument vom 10. Juli 1947 erklärte Schulgen, daß alle Wissenschaftler der ihm unterstehenden Air Corps Intelligence darauf angesetzt seien, zu bestimmen, ob ein solches Phänomen real sein könne oder nicht. Dabei würden die Forschungen u. a. mit dem Gedanken ausgeführt, daß die Scheiben fremde, mechanisch funktionierende Flugkörper unter [intelligenter] Kontrolle sein könnten. Eine für Schulgen naheliegende Erklärung bestand allerdings auch in der Annahme, die ersten Berichte über Flugscheiben könnten von kommunistischen Sympathisanten in die Welt gesetzt worden sein, um eine Massenhysterie und die Angst vor einer russischen Geheimwaffe heraufzubeschwören. UFOs als Mittel psychologischer Kriegsführung? Warum nicht? Natürlich griff die Schulgen-Hypothese in keiner Weise, was sich mit der Zeit und dem wachsenden Berg an unerklärlichen Fällen und Fakten immer deutlicher zeigen sollte. Immerhin aber war bereits zu jener Stunde absolut augenfällig, wie wichtig das Thema der Luftwaffe und anderen Behörden war. Tatsächlich ging es Schulgen darum, die Angelegenheit möglichst von allen Blickwinkeln aus zu beleuchten. Wie er Reynolds bestätigte, gab es keinerlei Forschungsprojekte im Kriegsministerium oder dem Marineministerium, die in irgendeiner Weise mit den fliegenden Scheiben in Verbindung stünden. Mit anderen Worten: Diese Objekte waren seines Wissens kein Produkt der Amerikaner! Das FBI seinerseits sollte Zugang zu allen Forschungsstätten erhalten, um die Frage nach dem Ursprung der Flug-

I. Das geheime Netzwerk

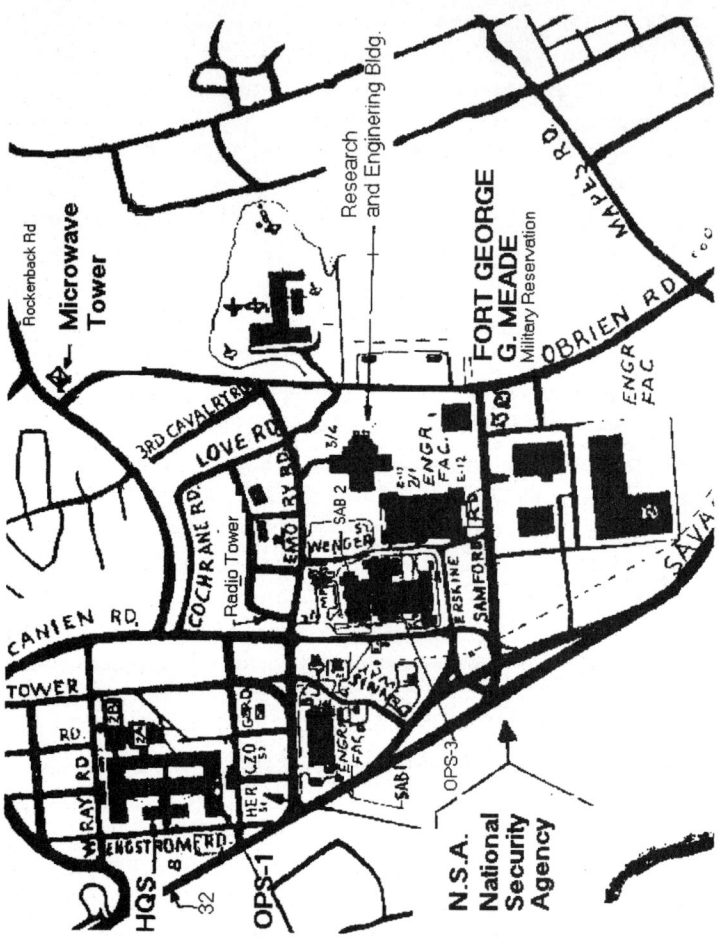

Lageplan der National Security Agency auf Fort George G. Meade in Maryland. Das Kürzel HQS links im Bild bezieht sich auf die Zentrale der NSA.

scheiben klären zu helfen, und in engem Kontakt mit dem Militär all jene Zeugen aufsuchen, die solche Objekte gesehen hatten. Waren diese Personen ehrlich und glaubwürdig? Welchen Hintergrund hatten sie, welche Berufe? Was konnte man über ihre politische Position erfahren? Konnten politische Motive hinter ihren Berichten verborgen sein, oder vielmehr Wunschdenken und die Sucht nach Publicity? Colonel Forney vom militärischen Nachrichtendienst betonte, da die fliegenden Scheiben keine US-Experimente seien, müsse das Thema für das FBI von Interesse sein; und er schlug vor, der Anfrage von Schulgen zu entsprechen. Während der stellvertretende FBI-Direktor David Milton Ladd eher ablehnend eingestellt war, sprachen sich der damalige FBI-Chef John Edgar Hoover und sein Mitarbeiter wie auch enger Freund Special Agent Clyde Tolson (manche sagen, die Freundschaft sei ungewöhnlich eng gewesen) für eine Kooperation mit der Air Force aus. Und wieder findet sich in Hoovers Zusage ein Beleg dafür, wie kraß oft öffentliche Verlautbarungen von internen Vereinbarungen abweichen können, gerade wenn es um UFOs geht. Denn »J. Edgar« hatte nichts minderes behauptet als: »Es ist und war niemals Aufgabe des FBI, UFO-Berichte zu erforschen.« Doch das Gegenteil ist eindeutig bewiesen, ebenso Hoovers deutliches Interesse an der Materie. Viel zitiert wurde seine handschriftliche Anmerkung auf dem Schriftstück vom 10. Juli 1947. Darin gibt er seine Zustimmung zur Unterstützung Schulgens unter einer ganz bestimmten Bedingung: »Wir müssen auf vollen Zugang zu den geborgenen Scheiben bestehen. Beispielsweise vereinnahmte die Armee eine solche im La.-Fall [Louisiana-Fall] und hätte sie uns nicht einmal für eine oberflächliche Untersuchung überlassen.« – Der Louisiana-Fall, den Hoover anspricht, war allerdings wohl nicht ganz der richtige Ansatzpunkt für sinnvolle Untersuchungen. Zwar wurde in dem Ort Shreveport in Louisiana am 7. Juli 1947 (welch eine zeitliche Nachbarschaft zu Roswell!) eine metallische Scheibe aufgefunden, die rauchend im Gelände lag, doch dieses Objekt war nur vierzig Zentimeter groß und eine Fälschung. Auf der »Flugscheibe« stand »Made in USA«.

Schulgen willigte ein und war bereit, den betreffenden Stellen sämtliche Instruktionen zu erteilen, vollständig mit dem FBI zu kooperieren und alle geborgenen Scheiben für eine genaue Untersuchung durch FBI-Agenten zur Verfügung zu stellen.

So trat schließlich die offizielle UFO-Forschung des FBI am 31. Juli 1947 aufgrund von »Bulletin No. 42 / 30. Juli 1947« in Kraft. Und fast so wie in der amerikanischen Mysterienserie »X-Files« (hierzulande: »Akte X: Die ungelösten Fälle des FBI«), bei denen zwei Bundesagenten den rätselhaftesten, als X-Akten abgelegten Fällen des FBI nachgehen, paranormale Killer, Mutanten und Außerirdische jagen, nun, fast so verhielt es sich damals im FBI. Denn tatsächlich flossen in der Folgezeit UFO-Berichte in den FBI-Kanal, die sich im Gegensatz zu früheren Meldungen oft nicht als Schwindel oder Irrtümer enttarnen ließen. Man ordnete sie häufig unter der Bezeichnung »Flying Disks: Security Matter-X« ein.

Leider sollte die Kooperation zwischen Air Force und FBI nicht lange andauern. Die Krise begann mit einem kompromittierenden Brief von Colonel R. H. Smith, dem stellvertretenden Chef im nachrichtendienstlichen Stab des Luftverteidigungskommandos auf Mitchel Field, New York, an diverse Abteilungen kommandierender Luftwaffengeneräle. Zwar war dieser Brief nicht für das FBI bestimmt, gelangte aber dennoch durch einen hochrangigen Vertrauensmann der Luftwaffe an das FBI-Büro in San Francisco. In dem Brief war von der Übereinkunft zwischen Air Force und FBI hinsichtlich UFOs die Rede, aber auch davon, welches die eigentliche Absicht des gemeinsamen Unternehmens war: »Die Dienste des FBI wurden beansprucht, um die ausgela-

stete Luftwaffe bei der Arbeit zu entlasten, all die vielen Beispiele aufzuspüren, die sich als Mülltonnendeckel, Toilettendeckel und sonstiges Zeugs erwiesen.«
Der Brief machte schnell die Runde unter den Beteiligten im FBI, besonders jener eine Satz war wie ein Schlag ins Gesicht. Damit war klar, daß das FBI in Wirklichkeit letztlich nichts anderes als vorwiegend die »Drecksarbeit« machen sollte, während die Air Force auf diese Weise mehr Zeit haben sollte, sich um die »harten Fälle« zu kümmern. Sofort empfahl David Ladd scharfe Proteste und die unmittelbare Einstellung jeglicher Zusammenarbeit mit der Luftwaffe in Sachen UFOs. Dem stimmte auch Hoover zu, der sich bald persönlich in den Konflikt einschaltete: »Mit Blick auf das offenbare Verständnis der Air Force über die Position des Federal Bureau of Investigation in dieser Sache kann ich nicht zulassen, daß Personal und Zeit dieser Institution in dieser Weise belastet werden.« So endete die UFO-Forschung des FBI offiziell bereits schon wieder am 1. Oktober 1947. Unter all diesen Umständen konnte es natürlich kein Wunder sein, daß das FBI der Luftwaffe gegenüber die Nase gestrichen voll von UFOs hatte und auch die Weiterleitung eintreffender Berichte an die dortigen Stellen veranlaßte. Trotzdem zeigen viele Jahre später unter dem Gesetz zur Informationsfreiheit FOIA erhaltene Akten, daß nach wie vor UFO-Berichte im FBI eintrafen und dort auch untersucht wurden. Die UFO-Bürgerinitiative CAUS hat auf diesem Wege hochinteressantes Material erhalten können, über scheibenförmige und runde leuchtende Flugobjekte; in einem Fall war sogar die Rede von einem diamantförmigen Objekt! Teils bewegten sich diese UFOs mit bemerkenswerten Geschwindigkeiten. So beobachtete im Juli 1948 die Besatzung einer Maschine der Eastern Airlines ein absolut unbekanntes, flügelloses Objekt über Alabama. Dieses UFO bewegte sich, so schätzten die Piloten, mit einer Geschwin-

I. Das geheime Netzwerk

STANTON T. FRIEDMAN
NUCLEAR PHYSICIST - LECTURER

Mr. Andreas v. Retyi

Dear Andreas:
Dec. 15, 1994

Sorry to take so long to respond. I am truly swamped though anxious to get on with detective work re Dr. Chris.

Re your questions

1. I hadn't seen the August 6,1990, XT document and cannot judge either its legitimacy nor its content. Over the years numerous phony documents have been circulated. XT sounds more plausible in some ways for Extra-terrestrial than ET but. who knows??

2. Re Cuban MIG. I met a man who told me of what happened near Cuba as monitored by the NSA listening post in Florida where he worked. He typed out a brief summary which I passed on to Bob Pratt who gave it to Bob Todd who makes loads of FOI requests and threatened. after getting nothing useful, to contact Cuba. He was visited by the FBI and also told over the phone by an USAF general that the material was classified. By then he and I had talked and he found out that there had already been press coverage of the story when I spoke in Miami. I had talked to my source again and to an independent source stationed at the same base who confirmed the story. Larry Fawcett and Barry Greenwood refer to the case in Clear Intent. I don't recall what Cliff Stone said.

3. I will enclose copies of some of the Menzel letters.

4. I don't have an address for Milton William Cooper. I can't stand the man because he is a liar about his background and about my background and others with whom he disagrees. He provides no evidence to back up his claims. He was an hydraulics mechanic in the USAF and a low rating E-6 in the Navy, had no college background, so could not possibly have been on the CINCPAC Briefing team. Despite his charges, I never worked for the CIA or other US Government agency except for two weeks delivering mail while in college in 1952. The viciously anti-semitic "Protocols of ' the Elders of Zion", included in "Behold a Pale Horse" was demonstrated to be a phony document almost a century ago. ad nauseum.

With best wishes for a Happy Holiday Season.

Most cordially,
Stan Friedman

Science Consultant • Lecturer • Author • Broadcaster

Briefliche Mitteilung des amerikanischen Kernphysikers und UFO-Forschers Stanton T. Friedman an den Verfasser. Unter anderem erwähnt er unter Absatz 2 auch bestätigende Informationen für einen Zwischenfall, der sich im Jahr 1967 zugetragen hat und bei dem zwei Kampfjäger von einem UFO eliminiert wurden.

digkeit von über viertausend Stundenkilometern und kollidierte beinahe mit der Eastern-Airlines-Maschine. Andere Objekte bewegten sich noch bis zu zehnmal schneller, dennoch: Ihre Form und ihr »Verhalten« klammerten die in Fällen so rasant dahinziehender Lichter gerne herangezogene Erklärung von Meteoriten im Flug durch die Atmosphäre sofort aus. Was aber waren sie dann? Die einzige Antwort auf diese Frage war in Wirklichkeit nichts als Ratlosigkeit, entsprechend allgemein hielt sie sich: Entweder, hier wirkte ein noch völlig unbekanntes bzw. ungeklärtes Naturphänomen, oder aber diese Objekte waren von Menschen (oder sollte man vielleicht doch besser sagen: intelligenten Wesen?) gesteuerte Apparate. Wußte die Luftwaffe am Ende doch etwas mehr darüber? War das kooperative Intermezzo mit dem FBI am Ende nichts als ein abgekartetes Spiel, um durch einen absichtlich enthüllten und schockierenden Brief eine psychologisch geschickte UFO-Blockade im FBI aufzubauen, nur zu dem Zweck, damit man dort von etwaigen UFO-Untersuchungen Abstand nähme? Wir könnten zu derartigen Fragen uferlos spekulieren, ohne je zu sicheren Antworten zu gelangen. Also kehren wir lieber wieder zu den Fakten zurück. Und die sind weiß Gott spannend genug. So beispielsweise ein FBI-Memorandum vom 22. März 1950, das SAC Guy Hottel (SAC– Special Agent in Charge, verantwortlicher Spezialagent) vom Büro in Washington direkt an Direktor Hoover gerichtet hatte. Würde der Text aus einer anderen Quelle stammen, dann käme nur die Erklärung »schlechter Witz« in Frage. Doch die Umstände sprechen eine klare und ernste Sprache in einer unfaßbaren Angelegenheit: »Ein Untersucher der [US-]Luftwaffe stellte fest, daß in New Mexico drei sogenannte fliegende Untertassen geborgen worden sind. Sie wurden von runder Form beschrieben, mit erhöhtem Zentrum, bei einem Durchmesser von annähernd sechzehn Metern. In jeder von ihnen

befanden sich drei Körper menschlicher Gestalt, die jedoch nur etwa einen Meter groß und mit metallischem Stoff sehr feinen Gewebes bekleidet waren. Jeder Körper war in einer Weise ähnlich wie bei ›Blackout-Anzügen‹ von Hochgeschwindigkeitsfliegern und Testpiloten eingehüllt.
Laut dem Informanten Mr. [Name geschwärzt] wurden die Untertassen aufgrund der Tatsache in New Mexico gefunden, daß die Regierung in diesem Gebiet eine sehr kräftige Hochleistungs-Radaranlage besitzt, und der Überzeugung ist, daß das Radar mit dem Kontrollmechanismus der Untertassen in Wechselwirkung tritt.
Obiges betreffend wurde von Special Agent [Name geschwärzt] keine weitere Auswertung vorgenommen.«
Abgesehen von der Deutlichkeit der Aussage und ihrer ganzen Unfaßbarkeit fällt natürlich sofort auf: Hier ist gleich von drei havarierten Flugscheiben die Rede! Doch bisher sind keine weiteren Informationen bekanntgeworden, welchen genauen Bezug diese FBI-Notiz hatte. Sie bleibt bis heute rätselhaft, wie so manches.
Im selben Jahr, aus dem Guy Hottels Dokument stammt, wurden an gänzlich anderer Stelle ähnlich verblüffende Erkenntnisse zu Papier gebracht. Am 15. September 1950 traf der für das kanadische Verkehrsministerium tätige Ingenieur Wilbert B. Smith mit dem bedeutenden Wissenschaftler Dr. Robert Sarbacher zusammen, der als Berater für den Forschungs- und Entwicklungsausschuß der US-Regierung fungierte. Nur wenig mehr als zwei Monate später, am 21. November, stellte er einen lange Zeit als TOP SECRET – STRENG GEHEIM eingestuften Bericht fertig, adressiert an den Leiter der nachrichtentechnischen Abteilung. Auf Seite zwei des insgesamt dreiseitigen Berichts, in dem Smith den vermuteten Fortbewegungsmechanismus der Flugscheiben kurz umreißt, kommt er in deutlichen Worten auf Erkenntnisse zu sprechen, wie sie Angehörige der kanadischen

I. Das geheime Netzwerk

Blick auf einen Teil des Hauptgebäudes der National Security Agency auf Fort George G. Meade in Maryland. Aufnahme: Andreas v. Rétyi

Botschaft in Washington erhalten hätten, und zitiert Informationen, die ihm Dr. Sarbacher dort gegeben hatte. Die vier Punkte zur Realität des UFO-Phänomens dürften jeden unvorbereiteten Leser wie ein mentaler Vorschlaghammer treffen:

»a. Die Angelegenheit ist das am höchsten klassifizierte Thema in der Regierung der Vereinigten Staaten, [es ist] höher eingestuft als selbst die H-Bombe [Wasserstoffbombe].

b. Fliegende Untertassen existieren.

c. Ihr Funktionsweise ist unbekannt, doch werden konzentrierte Anstrengungen von einer kleinen [Forschungs-]Gruppe unter der Leitung von Dr. Vannevar Bush unternommen.

d. Der gesamten Angelegenheit wird von den Behörden der Vereinigten Staaten extreme Bedeutung beigemessen.«

I. Das geheime Netzwerk

Wilbert Smith schlug eine genauere Erforschung der fliegenden Scheiben vor, denn er sah in ihnen den Ausgangspunkt für eine neue Technologie. Das Ministerium reagierte, und schon am 2. Dezember 1950 startete, autorisiert von Commander C. P. Edwards, unter der Leitung von Smith das »Project Magnet«. Der Name leitete sich von dem vermuteten physikalischen Funktionsprinzip der Flugobjekte ab, das Smith in Verbindung mit dem Magnetfeld der Erde stellte.
Dieses Forschungsprojekt wurde, wie üblich, von der kanadischen Regierung nach außen hin heruntergespielt, doch zeigen später an die Öffentlichkeit geratene Dokumente des Projektes, daß diese Haltung in keiner Weise angemessen war. In einem Bericht zu »Project Magnet« heißt es deutlich: »Fahrzeuge oder Missiles können nur zwei allgemeinen Typen angehören, irdisch oder außerirdisch, und in jedem dieser Fälle erforscht eine Analyse ihre Quelle und Technologie. Wenn die Fahrzeuge von außerhalb des Eisernen Vorhangs ihren Ursprung nehmen, dürfen wir vermuten, daß die Angelegenheit in guten Händen ist, doch wenn sie von innerhalb des Eisernen Vorhangs entstammen, wäre diese Sache höchst besorgniserregend für uns.« Und es wird noch interessanter: »Aus einer Studie der Sichtungsberichte (Anhang IV) kann abgeleitet werden, daß die Fahrzeuge folgende bedeutende Eigenschaften besitzen: Sie haben einen Durchmesser von dreißig oder mehr Metern; sie sind in der Lage, sich mit Geschwindigkeiten von einigen tausend Kilometern pro Stunde fortzubewegen; sie können Höhen erreichen, die weit oberhalb derjenigen liegen, in denen sich konventionelle Flugzeuge oder Ballone aufhalten können; und zudem scheinen genügend Kraft und Antrieb für alle erforderlichen Manöver verfügbar. Wenn wir all diese Faktoren berücksichtigen, so ist es schwierig, diese Leistungen mit den Möglichkeiten unserer Technologie in Einklang zu bringen, und sofern nicht die Technologie irgendeiner irdischen Nati-

on weit fortgeschrittener ist als gemeinhin bekannt, sind wir zu der Schlußfolgerung gezwungen, daß diese Fahrzeuge wahrscheinlich außerirdischer Herkunft sind, trotz unserer dem widersprechenden Vorurteile.«

Aus diesen Sätzen spricht nahezu fassungslose Bewunderung für die unerklärlichen UFO-Fakten. In seinen interessanten Ausführungen zu »Project Magnet« kommt Wilbert Smith auch kurz auf Gründe zu sprechen, die eine so vehemente Ablehnung des UFO-Phänomens in weiten Teilen der Gesellschaft erklären: »Im Denkmechanismus des Menschen ist es absolut natürlich zu versuchen, Beobachtungen in ein bewährtes Muster einzupassen. Nur dann, wenn sich Beobachtungen partout widersetzen, in einer solchen Weise eingepaßt zu werden, irritiert uns das. Wenn dies geschieht, so können wir einen von drei Wegen beschreiten, was wir für gewöhnlich auch tun. Erstens könnten wir die Aussagekraft der Beobachtungen abstreiten; oder, zweitens, wir könnten das ganze Thema als bedeutungslos verwerfen; oder, drittens, wir könnten die Anomalien als real akzeptieren und beginnen, uns damit zu befassen. Im Falle der Untertassensichtungen sind alle drei dieser Reaktionen in beeindruckender Weise aufgetreten.«

Die Beschäftigung mit solchen Fragen führt uns unter anderem mehr oder minder zwangsläufig zu einer der geheimsten unter den bekannten US-Behörden, dem erstklassigen US-Geheimdienst NSA – National Security Agency. Viele Jahre lang kannte man gerade einmal das Kürzel, wobei niemand wußte, was sich hinter den Buchstaben verbarg. Man munkelte und rätselte und scherzte. Vielleicht bedeutetete NSA ja »No-Such-Agency«, also: Gibt's-ja-gar-nicht-Behörde, so geheim schien diese Einrichtung, deren Zentrale auf Fort George G. Meade in Maryland liegt.

Information ist alles, und diesen Wahlspruch beherzigt die NSA geradezu in perfekter Weise. Über ein globales Netzwerk von Abhöranlagen steht ihr die Welt wirklich offen. Beinahe nichts ist vor ihr sicher. Die NSA überwacht Telefone (auch von Privatpersonen), Faxe, Computernetzwerke und versucht einerseits, fremde Codes zu knacken, während die eigenen Systeme immer besser geschützt werden sollen. Herausragende Mathematiker, Informatiker, Linguisten, Kommunikationsexperten, Kryptologen und Experten anderer spezieller Disziplinen sind ständig mit derartigen Aufgaben befaßt. Hochleistungscomputer, die die schnellsten Rechner in ziviler Wissenschaft und Technik um Größenordnungen übertreffen, sind dort im Einsatz. Man sollte also die Fähigkeiten der NSA nicht etwa am Aussehen des alten Hauptgebäudes auf Fort Meade messen, dessen Substanz anläßlich eines Präsidentenbesuches ohnehin schon aufgefrischt wurde. Die teils trotzdem recht bedürftig aussehenden Fassaden wirken, ja, fast könnte man es so ausdrücken, wie eine Kulisse. Und doch ist ohne Frage klar, daß hinter diesen Mauern ein hocheffektives Gehirnzentrum der amerikanischen Nation arbeitet. Überall sind Überwachungskameras zu sehen; hohe, elektrische Zäune umgeben den mehrfach erheblich erweiterten Gebäudekomplex, dessen Eingänge nur über eine Reihe von Wachhäusern zugänglich sind; Streifen fahren das Gelände ununterbrochen ab. An allen Ecken und Enden sind Antennen und große Radarschüsseln postiert. In der NSA-Zentrale dürften schätzungsweise rund zwanzigtausend Angestellte arbeiten, weltweit noch etwa zehnmal mehr.

Ein Geheimdienst dieser Kategorie dürfte auf so manchem Gebiet seine Hände im Spiel haben. Auch auf dem UFO-Sektor ist immer wieder von der NSA und ihren diesbezüglichen Aktivitäten die Rede, und das nicht umsonst. Als im Jahr 1967 zwei MIG-Kampfjäger ein UFO über Kuba verfolgten und einer dieser Jäger von der glühenden metallischen Kugel offenbar zerstört wurde, gingen sämtliche Aufzeichnungen über den Zwischenfall an die NSA.

Und wieder das alte Lied: Offiziell bestand bei der NSA nicht das geringste Interesse an UFOs. 1976 erhielt der UFO-Forscher Robert Todd, der über die Jahre sämtliche US-Behörden mit insgesamt Tausenden von FOIA-Anfragen über UFOs »bombardiert« hatte, eine vollständig ablehnende Antwort zu diesem Punkt. Dann aber geschah ein dummer Fehler. UFO-Anfragen bei der Central Intelligence Agency (CIA) führten zu der verblüffenden Auskunft, es gebe einige Dokumente, wobei ein Teil davon nicht von der CIA stamme, sondern die NSA als Urheber nannte! Also doch! Diese Nachricht löste eine regelrechte Lawine von Ereignissen aus und einen langwierigen Rechtsstreit, bei dem mehr und mehr klar wurde, wie sehr sich die NSA offenbar mit UFOs befaßte und wie ernst sie dieses Phänomen nahm.

Die ersten beiden NSA-UFO-Dokumente erhielt der für CAUS agierende Anwalt Peter Gersten am 10. Januar 1980 – damit hatte nun die NSA selbst eingestanden, UFO-Forschern zuvor unwahre Antworten übermittelt zu haben. Vielleicht könnte man sich damit herausreden, daß einige unwichtige UFO-Dokumente in den riesigen Aktenmengen einfach übersehen worden waren und die NSA-Mitarbeiter daher verneinend auf die Nachfrage nach betreffenden Akten antworteten, einfach aus dem guten Glauben heraus, daß tatsächlich keine Schriftstücke darüber vorhanden seien. Doch abgesehen von der straffen NSA-Logistik, die eine schnelle und sichere Datenrecherche auch ungewöhnlicheren Materials eigentlich zulassen dürfte, konnten die UFO-Akten kaum unbedeutend sein, wenn sie doch als TOP SECRET eingestuft worden waren und dies zum Teil bis heute sind.

Die ersten Unterlagen, die in der NSA-UFO-Connection ans Tageslicht gerieten, waren bestimmt nicht gerade die geheimsten und gehütetsten Papiere der Agency. Dennoch waren ihre Inhalte bereits recht erstaunlich. Ein Dokument trug den Titel: »UFO-Hypothesen und Überlebensfragen!« Nicht schlecht! Es ging darin zunächst darum, welche Deutungen des UFO-Phänomens zulässig waren, wobei der Verfasser mit Berufung auf angesehene Wissenschaftler klar herausstellte, daß die These »UFOs als Manifestationen einer fremden Intelligenz« ernsthaft betrachtet werden und keinesfalls vernachlässigt werden dürfe! Schließlich diskutierte der NSA-Agent die Titelfrage und besonders das Thema, wie man sich beim Kontakt mit einer überlegeneren Kultur zu verhalten habe, um sein eigenes Überleben zu sichern! Antworten darauf suchte der Verfasser des UFO-Dokumentes bei der japanischen Kultur und ihrer so flexiblen Anpassung an die westliche Zivilisation.

Das zweite Dokument, das Gersten erhalten hatte, sprach einen nicht minder faszinierenden Aspekt an, einen Sachverhalt, der im Prinzip genau derselbe ist, den auch Wilbert Smith in seinen grundsätzlichen Erläuterungen zum »Project Magnet« von 1950 gab, nämlich auf den Punkt gebracht: Wie verdaut der menschliche Geist eine Begegnung mit dem Unbekannten? Was geht in einem Menschen vor, wenn er etwas erlebt, das weit außerhalb seines bisherigen Erfahrungsschatzes liegt, das sein Weltbild sprengt?

Als Beispiel wurde in jenem stark zensierten NSA-Dokument das UFO-Phänomen herangezogen. Ich frage mich ernsthaft, ob ein Geheimdienst die Reaktionen des gesunden menschlichen Geistes auf Extremsituationen gerade an einem als Trugbild eingestuften Phänomen erforschen würde! Allein das gewählte Thema belegt in seiner ganzen Tragweite eindeutig, daß die NSA die Berichte über UFOs sehr ernst nahm und nimmt. Denn nur ein reales Phänomen kann bei einem geistig gesunden Menschen zu heftigen Reaktionen, zu Panik und höchster Verwirrung führen. Schauen wir uns einmal an, was aus dem NSA-Bericht hervorgeht:

»2. Wissenschaftliche Ergebnisse: Dr. Jacques Valleé, angesehener Experte für Kommunikationswissenschaften, hat Tausende von Fällen studiert, in denen menschliche Wesen ungewöhnliche Phänomene beobachtet haben. Er hat herausgefunden, daß die menschliche Reaktion auf solche Beobachtungen vorhersehbar und grafisch darstellbar ist. Ob die psychologische Struktur der Person von der ungewöhnlichen und schockierenden Brutalität eines Mörders angegriffen wird oder von der Fremdartigkeit einer UFO-Sichtung, es tritt derselbe Effekt ein:

a. Anfänglich, wie aufgrund einer Art von psychologischer Trägheit, zeichnet der Geist ziemlich objektiv nach, was das Auge ihm berichtet.

b. Wenn jedoch die fremdartige Natur der Phänomene erkannt wird, kommt es zu einem Schock. Der Geist fühlt sich in einer bequemen Welt wohl, in der er glaubt zu wissen, was zu erwarten ist, und diese Situation ist nicht zu bedrohlich – weder in physischer noch in psychischer Hinsicht. Das Ungewöhnliche zerstreut die so bequeme Illusion, die der Geist geschaffen hat. Dieser Schock zerrt genau an jener Vertäuung der menschlichen Psychostruktur.

c. Um sich gegen eine solch eindringende und bedrohliche Realität zu schützen, wird der Geist beginnen, die einströmenden Daten durch Imagination und Interpretation zu ergänzen, um sie akzeptabler zu gestalten. Da der Geist dies alles sehr schnell ausführt, stürzen einige der eilig hinzugefügten Details und Vorschläge ineinander und widersprechen sich in einer bizarren Weise (wie jeder Polizist Ihnen bestätigen kann, der Zeugen eines Mordes befragt) (...)

d. Wenn der Geist schließlich einen ›sicheren‹ Rahmen für die neuen Informationen erzeugt hat, mag er erneut ausschauen und einige objektivere Daten sammeln. Sollten diese Daten immer noch bedrohlich sein, wird er wieder in den Schockzustand übergehen, und der Vorgang beginnt erneut.

e. Wenn die Daten sich auf dem Niveau höchster Fremdartigkeit befinden und Schrecken hervorrufen, wird
1) der Geist aussetzen und in eine Amnesie verfallen, welche die Ereignisse vielleicht andauernd im Unterbewußtsein vergräbt, oder
2) die persönliche Psychostruktur zusammenbrechen und der Geist zum tiefsten Ort hinunterreichen, wo das ›Unzerstörbare‹ liegt, und er wird sich dieser Seinshaftigkeit zur Sicherung des Überlebens anvertrauen. Eine Begegnung mit dieser unveränderlichen, unzerstörbaren Seinshaftigkeit wird für gewöhnlich als religiöse Erfahrung aufgefaßt. Im Zustand der Verwirrung und des Schocks wird diese Erfahrung oft dem schockauslösenden Ereignis oder Objekt zugeschrieben, und dies ist auch der Grund, warum primitive Völker solch bizarre Dinge wie Flugzeuge oder Feuerzeuge verehren.
f. Der Grad der Fremdartigkeit der Phänomene bestimmt, wie vielen anderen Menschen der Geist gewillt oder fähig ist, das Ereignis mitzuteilen. Ein mildes ungewöhnliches oder schockierendes Ereignis wird vielen Menschen weitererzählt. Ein sehr schockierendes Erlebnis hoher Fremdartigkeit wird nur wenigen Personen oder praktisch niemandem erzählt. Gelegentlich ist das Ereignis so schockierend ungewöhnlich, daß es sich nicht einmal dem bewußten Geist des Betroffenen mitteilt, sondern in dessen Unterbewußtsein vergraben wird, wo es nur der Hypnose zugänglich ist oder sorgfältiger Level-6-Kommunikation mit einer anderen Person (...)«

Starke Worte! Überdenken Sie nur einmal die wichtigsten Aussagen. Hier wird das Erlebnis einer echten UFO-Begegnung dem Schock gleichgesetzt, dem ein Mensch bei einem mörderischen Angriff ausgeliefert ist! Hier wird auch klar, daß solch außergewöhnliche Ereignisse wie UFO-Begegnungen zum Auslöser einer religiösen Erfahrung werden können, aber völlig anders, als Skeptiker das behaupten. Während sie den »UFO-Glauben« gerne als eine moderne Ersatzreligion hinstellen, meint der Autor des NSA-Schriftstücks viel eher, daß der absolut reale Schock unseren Geist zu einem Rückzug ins tiefste Schneckenhaus der Seele bewegt, hin zum letzten Rettungsanker unseres Bewußtseins, der uns vor dem totalen und endgültigen Zusammenbruch schützt. So wird die Religion höchstens zur letzten hilfreichen Erklärung für ein unfaßbares Erlebnis, das sonst nirgends in unser Weltbild paßt.

Bis heute werden in NSA-Archiven streng geheim eingestufte UFO-Dokumente unter Verschluß gehalten, unter dem Siegel nationaler Sicherheit, die laut NSA-Aussage »außerordentlich schweren Schaden nähme«, wenn die betreffenden Schriftstücke veröffentlicht würden. Ein Ergebnis der wiederum von CAUS unternommenen Anstrengungen war die Freigabe einer 21seitigen inhaltlichen Zusammenfassung (Einstufung TOP SECRET) einiger Dokumente und eine Begründung für die Geheimhaltung der betreffenden Akten. Allerdings waren nahezu achtzig Prozent des Textes durch Abdeckungen und schwarze Balken unkenntlich gemacht worden. Vor einigen Jahren startete der britische Forscher Jonathan Dillon erneut eine FOIA-Anfrage mit Blick auf das sogenannte Yeates-Affidavit, also jenes recht kurz gefaßte, stark zensierte Schriftstück. Zwar hatte er darauf gehofft, aber doch nicht ernsthaft damit gerechnet, ein wenig mehr in dieser Sache zu erfahren. Nach einer Wartezeit von rund zweieinhalb Jahren (!) kam dann im Mai 1997 endlich eine Antwort der NSA, und als Dillon das Affidavit aus dem Umschlag nahm, fiel ihm der Unterschied zu früheren Versionen sofort auf: Die ihm nun vorliegenden Kopien zeichneten sich durch weit weniger zahlreiche Streichungen aus; nunmehr waren nur noch etwa fünfundzwanzig Prozent des Textes unleserlich! Aufgeregt blätterte der

I. Das geheime Netzwerk

DEPARTMENT OF THE AIR FORCE
11TH SUPPORT WING

7 MAR 1995

11 MSS/MSIS (FOIA)
1000 Air Force Pentagon
Washington DC 20330-1000

Andreas V. Retyi

England

Dear Mr. Retyi

We are responding to your February 3, 1995 Freedom of Information Act request.

We do not have the records you requested. The Air Force ended its investigation of UFOs in 1969. The National Archives and Records Administration, 7th and Pennsylvania Ave, Washington DC 20408 has those records.

If you interpret this "no records" reply as an adverse action you may appeal it to the Secretary of the Air Force within 60 days from the date of this letter. Include in your appeal your reasons for reconsideration and attach a copy of this letter. Address your letter as follows:

        Secretary of the Air Force
        THRU: 11 MSS/MSIS (FOIA)
        1000 Air Force Pentagon
        Washington DC 20330-1000

WORLD-CLASS PEOPLE · WORLD-CLASS SUPPORT

DEPARTMENT OF THE AIR FORCE
11TH SUPPORT WING

2 0 MAR 1995

11 MSS/IMS (FOIA)
1000 Air Force Pentagon
Washington DC 20330-1000

Andreas V. Retyi

Dear Mr Retyi

    This is in response to your March 15, 1995 Freedom of Information Act request.

    We forwarded your request to the Center for Air Force History/HOR, 170 Luke Avenue, Suite 400, Bolling AFB, DC 20332-5113. They will reply directly to you.

    Rhonda Jenkins is our action officer on (703) 695-4992.

Sincerely

LATRICIA D. GRACE
Freedom of Information Manager

95-0487

WORLD-CLASS PEOPLE · WORLD-CLASS SUPPORT

Antworten der US-Luftwaffe an den Verfasser mit Bezug auf das UFO-Thema, daß angeblich von der Air Force seit 1969 nicht mehr erforscht werde. Zahlreiche Erklärungen und Widersprüche in der Aussagelogik des Militärs bestätigen allerdings das Gegenteil, nämlich daß die USAF bis heute tatsächlich UFO-Forschung betreibt.

UFO-Forscher durch die Seiten. Immer noch erschwerten die Streichungen das Lesen, doch wenigstens bestätigte sich wieder, daß unidentifizierte Objekte auch der NSA das Leben schwermachten. An einigen Stellen ist die Rede von »leuchtenden Sphären«, »scheinenden Objekten« und der »Verfolgung unbekannter Flugzeuge«. Interessant, auch hier ist wieder von Schockfolgen nach UFO-Beobachtungen die Rede.

Doch ganz ehrlich, rechtfertigen solche Bemerkungen über UFOs wirklich eine jahrzehntelange Geheimhaltung bzw. weitgehende Ausschwärzung dieses Dokumentes? Sicher nicht. Offenbar war es viel eher das prinzipielle Eingeständnis, innerhalb der NSA UFO-Forschung zu betreiben und die Besorgnis, mit einer Freigabe des Materials eine Lawine auszulösen. Alles deutet darauf hin, daß letztlich das NSA-Wissen um andere, weit brisantere und wirklich schockierende UFO-Dokumente eine vollkommene Abschottung nach außen bewirkt hat – vielleicht bis zu dem Moment, als die CIA offenbar einen Fehler machte.

Verbotene Zonen

Nur wenige Stunden sind seit dem Untergang der Sonne vergangen, und eine dunkle, mondlose Nacht legt sich über die einsame Landschaft. Weitab aller Städte mit ihren künstlichen Lichtern strahlt hier draußen der samtschwarze Himmel in ungekannter glühend-funkelnder Schönheit Tausender ferner Sonnen. Wie ein Regen unzähliger Schneeflocken, in Kristallsphären gefroren, ergießt sich das Licht der Sterne über das Firmament, überraschend hell, überraschend deutlich, und das mysterienhaft schimmernde, beinahe alte Sehnsüchte weckende Band der Milchstraße spannt sich ehrfurchtgebietend über den ewigen Dom des Universums, vertraut und fremd zugleich, greifbar nah und doch unerreichbar fern.

Eine Nacht über der australischen Wüste, eine gewöhnliche, ruhige, einsame Nacht wie viele andere Nächte in dieser Gegend auch.

Doch hier, am Fuße des Macdonnell Range südwestlich von Alice Springs im »Northern Territory« Australiens, einer äußerst abgelegenen Region des fünften Kontinents, kann die Einsamkeit täuschen.

Gleich wie ein Vorbote der Veränderung zieht eine helle, gelbgrün aufblitzende Sternschnuppe mit leuchtendem Rauchschweif quer über die glimmenden Wolken der Milchstraße. Nur wenige Sekunden darauf bebt die Erde. Kurz, aber spürbar. Eine Halluzination? Ein niedergestürzter Meteoritenbrocken aus dem All? War er es, der die Erschütterung auslöste? Doch hätte die Sternschnuppe dann nicht viel heller und größer sein müssen?

Wieder zittert der Boden, ein Grollen geht durch die Luft. Dann ein Geräusch, als ob schwere, sehr schwere Eisenplatten bewegt und auf anderen Metallteilen gerieben würden. Motorenlärm dringt aus ungewisser Richtung und, vielleicht – nur bei sehr genauem Hinhören vernehmbar – Stimmen, so scheint es. Über dem Wüstenboden breitet sich ein schwacher Lichtschein aus. Nicht das Licht der Milchstraße, wie es in so dunklen Nächten vom Boden reflektiert wird, nicht die Strahlen der knapp über dem westlichen Horizont unruhig funkelnden Venus. Das schwache Leuchten wird ein wenig heller, es kommt direkt aus dem Boden, der sich zu spalten scheint. Gerade, wie mit dem Lineal gezogen, verläuft nun eine längliche Öffnung durch das Gelände. Sie wird von Sekunde zu Sekunde breiter. Immer mehr schieben sich die künstlich mit Gestrüpp, Sand und Steinen bedeckten, tonnenschweren Metallplatten zur Seite und geben das Innere einer unterirdischen Welt frei, ein Gewirr aus Stahlgerüsten, Leitungssystemen, vielfarbigen Lichtern, zwischen denen immer wieder Schatten von Gestalten umherwandern. Nach einem langen akustischen Signal Stille. Für einige Augenblicke ist keine Bewegung mehr zu erkennen, bis ein hoher Summton die momentane Ruhe unterbricht und fast gleichzeitig ein breiter, schmerzend greller Blitz in den Himmel schießt, so als ob sich die Sternschnuppe, die vor kurzem über den Himmel zog, in nächster Nähe wieder mit Gewalt von der Erde lösen und zu einem kosmischen Amoklauf aufbrechen würde. Das gleißende Licht konnte alles sein, ein unvorstellbar energiereicher, riesiger Laserstrahl, ein Plasmaexperiment, ein neues utopisches Raketensystem oder aber ein außerirdisches Flugobjekt. Oben am Himmel war nur noch eine Zeitlang ein orangefarbener Lichtball zu sehen, der auf einem zickzackförmigen Kurs im Nirgendwo verschwand. Die Lichter am Boden wurden schwächer, der Spalt schloß sich gemächlich, und als am nächsten Morgen die Sonne ihre erste warme Glut über der Erde ausbreitete, fiel ihr Licht auf Gestrüpp, Sand und Steine einer kargen, unberührten Landschaft.

Eine nicht ganz so fiktive Geschichte, wie es zunächst den Anschein haben mag. Immerhin ist bekannt, daß im Northern Territory beim Macdonnell Range, einem sehr einsamen Gebiet Australiens, eine hochgeheime Basis der Vereinigten Staaten existiert, auf der offenbar recht mysteriöse Dinge vor sich gehen – die Pine-Gap-Basis. Unter dem Code-Namen »Merino« und der offiziellen Bezeichnung »Joint Defense Space Research Facility, JDSRF«, in etwa also »Vereinigte Verteidigungs- und Weltraumforschungsanlage« wurde die Installation errichtet, Konstruktionsbeginn im Sommer 1966. Unweit von »The Alice«, der kleinen Stadt Alice Springs, wurde zur Überraschung der Einheimischen mit dem Bau einer lang ersehnten Straße begonnen, die den Weg zu den lebenswichtigen Wasserstellen erheblich erleich-

tern würde. Überraschend war dies deshalb, weil die Regierung bis dahin aus unerfindlichen Gründen den Bau einer solchen Straße strikt abgelehnt hatte. Überraschend war aber auch, daß diese neue Straße im Endeffekt Meilen an den Wasserstellen vorbeiführt und sich »irgendwo im Nirgendwo« verläuft!
In seinem hervorragenden Buch »The Puzzle Palace – Der Rätselpalast«, einer unerreichten Darstellung zum Thema »NSA« kommt der Autor James Bamford auch auf Pine Gap zu sprechen, deren Betreiber nämlich niemand anderes ist als jener Spitzengeheimdienst der USA: »Heute bietet Pine Gap einen Anblick wie eine fortschrittliche Mond-Kolonie im Meer der Ruhe«, so erklärt er. »Verborgen in jenem Tal ist eine geheime Gesellschaft von 454 Leuten, achtzehn einstöckige Betongebäude, von denen einige so groß sind wie Supermärkte, und, am beeindruckendsten, eine futuristische Anordnung von sechs silberweißen, igluähnlichen Radomes [Kuppelgebäude], die Schüsselantennen in der Größe von weniger als sieben Meter bis hin zu etwa fünfunddreißig Meter bergen... Um die Möglichkeit des Eindringens sowie auch elektrischer Störungen zu verringern, haben die Konstrukteure Pine Gap mit einer achtzehn Quadratkilometer großen Pufferzone umgeben, eingefaßt von einem doppelten Zaun, und sie haben eine 24stündige Patrouille eingesetzt. Sogar Flugzeuge dürfen sich nicht mehr als auf vier Kilometer an ›Gap‹ annähern.«
Wie Bamford weiter ausführt, erhielt die Basis nach außen hin die Deckbezeichnung einer Forschungsstation, eben jener JDSRF, doch: »In Wirklichkeit dient die Basis als Terminal für eine Anzahl von Spionagesatelliten und als in höchstem Grade ausgeklügelte Abhörstation.« Pine Gap spielt nachweislich eine sehr bedeutende Rolle im weltweiten Abhörnetz der NSA. Einige Beobachtungen könnten jedoch darauf hindeuten, daß eine Reihe von noch merk-

würdigeren Gerüchten um »Merino« möglicherweise einen wahren Kern besitzt. Und solche Gerüchte gibt es mittlerweile weiß Gott genügend. Sicherlich hat dazu auch der Umstand beigetragen, daß letztlich niemand so recht weiß, was dort draußen, im »Outback«, dem australischen Hinterland, wirklich alles vor sich geht – offenbar nicht einmal die meisten Mitglieder des Parlaments.

Offenbar wurde ein Großteil der Geheimbasis unterirdisch angelegt – naheliegend für eine Einrichtung, auf der hochklassifizierte Projekte durchgeführt werden. So ist in diesem Zusammenhang immer wieder die Rede von einer regelrechten unterirdischen Stadt, die mehrere Stockwerke tief unter den Boden reicht. Angeblich wurde dort ein kilometertiefes Bohrloch angelegt, mit einer Antenne, die Wellen extrem niedriger Frequenz (ELF, »Extreme Low Frequency«) hin zu U-Booten im Pazifik überträgt, um sie an Ort und Stelle mit Energie zu versorgen. Ebenso sollen dort andere exotische Geräte, wie zum Beispiel ein gigantischer nuklearer Generator, im Einsatz sein oder ein Hochspannungs-Plasmabeschleuniger zur Erzeugung von »Todesstrahlen«. Ähnliche, allerdings ältere Systeme sollen auf der *Harold E. Holt US Naval Communication Station,* Exmouth Gulf, in Westaustralien im Einsatz gewesen sein, auf der auch VLF-(»Very Low Frequency«)-Antennen aufgestellt waren. Wiederholt wurden auch UFO-Sichtungen von beiden Basen bekannt. Vor einiger Zeit erklärte mir eine verläßliche Person, während eines Aufenthalts in Australien von fünf mysteriösen Objekten erfahren zu haben, die offenbar für kurze Zeit auf Exmouth zwischengelagert gewesen waren. Auffallend war, daß diese mit Planen zugedeckten Objekte sehr streng bewacht wurden. Vielleicht steht diese Beobachtung im Zusammenhang mit Berichten lokaler Zeugen, die nicht nur einmal gesehen haben wollen, wie weiße, scheibenförmige Objekte mit rund zehn Meter Durchmesser von großen

Frachtflugzeugen abgeladen wurden – auf Flughäfen, die Material für Pine Gap transportieren. Die Scheiben trugen, so heißt es, die Aufschrift »USAF«. Wenn diese Berichte stimmen, welche Hintergründe verbinden sich dann mit diesen Scheiben? Handelt es sich um Konstruktionen der Amerikaner? Schon vor vielen Jahren gab es Projekte wie beispielsweise das AVRO-CAR, bei denen scheibenförmige Flugkörper gebaut und getestet wurden. Bedeutet das, alle UFOs sind irdischer Herkunft? Oder befinden sich hier originale oder rekonstruierte außerirdische Flugscheiben im Test durch die USA, im Rahmen eines Programmes wie HPAC? Warum dann ausgerechnet in Australien? Eine Frage reicht hier der nächsten die Hand, und in der Ecke »Antworten« sieht es bisher sehr düster aus!

Am 27. November 1996 beobachteten Zeugen wiederum unidentifizierte Flugkörper am Himmel von Alice Springs, Santa Teresa und Pine Gap. Die orangefarbenen Lichter bewegten sich über die Stadt hinweg und beschleunigten mit hoher Geschwindigkeit.

Bemerkenswert ist übrigens, daß exakt auf der anderen Seite der Welt, genau »gegenüber«, nämlich in Yorkshire/England, eine »Pine Gap« sehr ähnliche NSA-Anlage liegt: Menwith Hill in der Nähe von Harrogate. Und auch hier kam es zu UFO-Beobachtungen! UFOs werden auch in anderen Fällen nicht selten in der Nähe von Geheimanlagen gesehen. Diese Häufung ist durch einen Zufall nicht mehr zu erklären. Natürlich könnte die Bevölkerung des Umlandes so manche Legenden um mysteriöse Militärbasen gestrickt haben, schnell glaubt man da, Ungewöhnliches und Paranormales zu erkennen. Vielleicht sah der eine oder andere ja auch wirklich merkwürdige Dinge, doch eben keine UFOs, sondern möglicherweise spezielle Leuchtkörper oder Experimentalflugzeuge! Doch wie steht es dann mit den geheimen UFO-Dokumenten, wie mit Nahbegegnungen, mit

I. Das geheime Netzwerk

Geheimbasis Area 51, offiziell nicht existent. Die Aufnahme entstand mit einer Hochleistungsoptik aus einer Entfernung von 42 Kilometern und zählt zu den besten vorhandenen von diesem Standort. Der riesige Haupthangar in der Bildmitte bedeckt eine Fläche von einem Hektar. Laut Aussagen zahlreicher Zeugen werden auf Area 51/S-4 UFOs aufbewahrt und getestet. Das Flugzeug auf der Rollbahn ist eine soeben gelandete Boeing 737 der JANET-Geheimlinie. Aufnahme: Andreas v. Rétyi

Sichtungen von Flugscheiben bei Tageslicht, die in utopischen Manövern über den Himmel springen und von zahlreichen Menschen gleichzeitig gesehen werden, wie steht es mit Flugzeugen, die von UFOs »verschlungen« oder zerstört wurden, und wie mit den Aussagen militärischer und geheimdienstlicher Insider und so fort?

Bald werden wir uns noch mit so manchen anderen recht unerfreulichen und teils sicher auch schockierenden Berichten auseinandersetzen, die nicht nur schlüssig belegen, daß UFOs real sind, sondern auch starke zusätzliche Indizien liefern, daß sie intelligent gesteuert aus sehr großer Ferne zu uns gelangen.

I. Das geheime Netzwerk

Eine der paradoxerweise geheimsten und bekanntesten Geheimbasen, auf der zahlreichen, übereinstimmenden Aussagen zufolge außerirdische Technologie verborgen gehalten und analysiert wird, ist die Anlage »Area 51« im südlichen Nevada, USA. Dieser Stützpunkt wurde in den fünfziger Jahren aufgebaut und befindet sich als völlig eigenständige, entlegene Einrichtung auf der gigantischen Nellis-Luftwaffenbasis. Offiziell existiert Area 51 überhaupt nicht, jene Geheimstadt, die nur vom Flugzeug oder von hohen Bergen aus der Ferne sichtbar ist. Direkt über das Gelände zu fliegen ist natürlich strengstens verboten. Die Situation ist ähnlich wie bei »Merino«, weswegen Pine Gap auch als »australische Area 51« bezeichnet wird. Area 51 ist bis heute trotz zahlreicher Nachforschungen ein hartnäckiges Rätsel geblieben, über das mittlerweile gerade in Zeitschriften viel publiziert wurde. Ich selbst habe in Büchern und Magazinen, vor allem im UFO-KURIER, wiederholt sehr ausführlich über die Geheimnisse jener US-Basis berichtet.

Über Jahrzehnte hinweg erzählen die unterschiedlichsten Zeugen über ihre mehr oder minder ungewöhnlichen Erlebnisse und UFO-Sichtungen dort. Piloten sahen Flugscheiben über dem Gelände aufsteigen, Techniker, die auf Area 51 arbeiteten, berichteten, an außerirdischer Technologie gearbeitet oder sie bewacht zu haben, ein renommierter Biologe erklärte, Gewebeproben von Humanoiden von Area 51 erhalten zu haben. Es ist unmöglich, hier auch nur einen Teil der Berichte über UFOs und Area 51 aufzuzählen. Sicherlich der ausführlichste stammt von dem amerikanischen Techniker Robert Lazar, der dort Ende der achtziger Jahre gearbeitet haben will. Seine Schilderungen sind verblüffend umfangreich. Wie er sagt, wußte er überhaupt nicht, was ihn dort draußen in der Wüste von Nevada erwarten würde. Schritt für Schritt wurde er an seine eigentliche Aufgabe herangeführt: Forschungen an einem rund zehn Meter großen typischen UFO, einem »Ding«, das beinahe aussah wie zwei Teller, der eine umgekehrt auf den anderen gelegt. Dieses UFO, das »wirkte, als wäre es aus einem einzigen Stück gegossen« und eine Oberfläche wie hochglanzpoliertes Metall besaß, war laut Lazar mit einem exotischen Gravitationsantrieb ausgestattet. Und genau diesen Teil des Flugkörpers sollte der Forscher analysieren. Robert Lazar schilderte, wie er bei einer Gelegenheit überrascht feststellen mußte, daß dieses Fluggerät nicht das einzige UFO ist, das auf Area 51 gelagert wird, genauer gesagt, in einem im Papoose-Berg verborgenen und hervorragend getarnten Hangarkomplex des Geländes S-4. Insgesamt sollen dort neun unterschiedliche Flugscheiben vor den Augen der Öffentlichkeit verborgen gehalten werden.

Natürlich schenkte kaum irgend jemand den so phantastischen Schilderungen Lazars ernsten Glauben. Warum aber tauchten dann bloß immer wieder andere Personen mit wissenschaftlicher Ausbildung auf, die seine Aussagen bestätigten und ebenfalls auf Area 51 gearbeitet hatten? Und warum nur tauchten so verrückte Dinge am Himmel über dem Gelände auf? Im Januar 1994 sah ein Militärbeobachter und -fotograf eine leuchtende Kugel, die die unfaßbarsten Manöver in der Ferne vollführte. Sie pendelte und schlingerte über den Himmel, raste ein kurzes Stück davon, schwebte eine Weile, machte weite Sprünge über den Himmel... Es gab einfach kein bekanntes Flugobjekt, das sich in dieser Weise fortbewegen konnte. Und fast stets berichten Augenzeugen von solchen abstrusen Flugmustern. Immer wieder habe ich vergleichbar erstaunliche Berichte erhalten oder fasziniert absolut glaubwürdigen Menschen zugehört, die gesehen haben, wie UFOs im Zickzack oder Spiralmustern oder riesigen Sprüngen über die Area 51 flogen. Lazar zufolge sind die merkwürdigen »Bocksprünge« der UFOs teilweise eine reine Illusion, wie

I. Das geheime Netzwerk

Sicherheit und Geheimhaltung ist alles. Ab hier darf scharf geschossen werden. Im Hintergrund ein Security-Fahrzeug der geheimen Wachmannschaft von Area 51. Aufnahme: Andreas v. Rétyi

sie von jenem Gravitationsantrieb hervorgerufen wird, der das raum-zeitliche Gefüge um sich herum verändert, die Lichtstrahlen ablenkt und das UFO gelegentlich sogar unsichtbar für den Beobachter werden läßt. Sicher, solcherlei Erklärungen lassen gewisse Bedenken physikalischer Natur aufkommen, gar keine Frage. Allerdings kann sich jeder nur einigermaßen phantasiebegabte Mensch auch ohne weiteres ausmalen, daß selbst ein ausgebildeter Wissenschaftler vor Problemen steht, wenn er UFO-Technologie analysiert! Er muß daher gelegentlich auch zu Interpretation und Spekulation greifen, solange kein endgültiges Forschungsresultat verfügbar ist. Lazar hat, wie er selbst einräumt, seine Arbeit nicht abgeschlossen. Er sei ausgeschieden, weil er einerseits den psychologischen Druck dieser Tätigkeit nicht aushielt – die fortgesetzten Einschüchterungen und Bedrohungen –, und andererseits, weil er durch private Probleme zu einem Sicherheitsrisiko geworden sei. Schließlich ging Lazar an die Öffentlichkeit, weil er glaubte, sein Leben damit am besten schützen zu können. Wenn er alle Geheimnisse, von denen er wußte, vor laufender Kamera erzählen würde, dann hätte es keinen Sinn mehr, ihn zu liquidieren. Im Gegenteil, man müßte vorsichtig werden, denn sein unnatürlicher Tod würde nur Anlaß geben, seine Schilderungen erst wirklich ernst zu nehmen. Mit auslösend für seinen Entschluß war, daß auf einem Highway auf sein Auto geschossen wurde, ein Vorfall, den er mit seiner geheimen Tätigkeit in Verbindung brachte.

Die verborgene Regierung

Auf Area 51, die wiederum mit zahlreichen anderen geheimen Einrichtungen und Militärbasen in Verbindung steht, haben viele ihre Hände im Spiel. Geheimdienste, wie die CIA, hohe Militärs und riesige Konzerne, wie Lockheed, EG & G oder Bechtel, um nur einige zu erwähnen. Jeder dieser Beteiligten ist den Umgang mit gewaltigen Projekten und ebensolchen Geheimnissen gewohnt. Trotzdem, wenn jede dieser Gruppen und Unternehmen über Außerirdische Bescheid wüßte, die Zahl der Eingeweihten wäre gefährlich groß! Könnte dieses größte aller Geheimnisse, das nach den Worten Sarbachers noch zwei Stufen über der Wasserstoffbombe klassifiziert ist, dann noch ein Geheimnis sein? Kaum zu glauben! Jetzt stehen wir offenbar vor einem mächtigen Problem, denn warum ist bei dieser Sachlage nicht längst der ultimative Beweis für UFOs durchgesickert?
Fast schon möchte man sagen: Leider, leider gibt es darauf eine ganze Reihe Antworten. Erstens fragt man sich, was ein

ultimativer Beweis wäre, wenn sowieso niemand die herausgetragenen Informationen glaubt, gleich welcher Qualität. Zweitens sind die Kontrollmechanismen innerhalb des Komplexes so minutiös und effizient ausgearbeitet, daß sich wirklich relevante Information kaum herausschmuggeln lassen wird. Drittens ist bei den Hauptverantwortlichen aufgrund personeller Backgroundchecks mit weitestgehender Loyalität zu rechnen (im übrigen blieb auch der Bau der ersten US-Atombombe geheim, obwohl Tausende daran arbeiteten). Viertens sind die Konsequenzen für jeden, der sensitive Informationen veröffentlicht, äußerst schwerwiegend. Fünftens befinden sich die eigentlichen Belege und Teststätten der UFOs auf dem völlig eigenständigen, durch ein Bergmassiv von der eigentlichen Area 51 abgetrennten S-4-Gelände; viele der bekannten Vertragsnehmer von Area 51 scheinen dort nicht vertreten zu sein. Sechstens ist wichtig zu wissen, daß nicht nur die Geheimhaltungsstufe eine Rolle beim Zugang zu bestimmten Informationen spielt, sondern auch die Notwendigkeit für eine ganz spezielle Person, bestimmte Fakten zur Erfüllung ihrer Aufgaben zu kennen – ein sehr wichtiger Punkt. Dadurch lassen sich gegebenenfalls die Bereiche so einschränken, daß jedem einzelnen nur ein winziger Ausschnitt der Wahrheit zugänglich ist, der aber nicht ausreicht, um sich ein Bild vom gesamten Projekt zu machen. Vielen wird überhaupt nicht gesagt, woran sie arbeiten. Ein Chemiker bekommt beispielsweise eine ungewöhnliche Metallprobe auf den Tisch, die er analysieren soll. Woher sie stammt, das geht ihn nichts an, und er wird auch nicht danach fragen. Sollte er fragen, bekommt er eben keine Antwort. Für die Analyse nämlich ist der Ursprung der Probe unerheblich. Der Wissenschaftler wird seine Ergebnisse abliefern und fertig. Natürlich muß es einige geben, die etwas ahnen, andere, die alles ahnen, und wieder andere, die alles wissen. Nur ist das eben eine Pyramide, die auf der Ebene der ganzen Wahrheit geradezu erschreckend ausdünnt. Und bei dem Spielchen weiß niemand, wer es ist, der alles weiß. Wir können aber davon ausgehen, daß dies nicht der US-Präsident ist. Staatsoberhäupter haben schon so manches nicht gewußt.

Mit der Frage, wer eigentlich »die Welt« regiert, würden wir einen Themenkomplex aufgreifen, der separate Bücher füllen würde und schon gefüllt hat, mit mehr oder minder befriedigenden Antworten und Spekulationen. Wir wollen diese Frage hier nicht explizit stellen. Doch gibt es, ganz pauschal gesagt, immer wieder Hinweise darauf, daß eine mächtige Agenda existiert, die sehr lichtscheu operiert und die eigentlichen Fäden in der Hand hält. Möglicherweise wurde diese spezielle Abteilung ganz legal und offiziell als eine eigene ultrageheime Behörde geschaffen, die alle Aufgaben zu übernehmen hatte, die mit der Sicherung, Erforschung und Dokumentation außerirdischer Technologie und Lebensformen im Zusammenhang stehen. Wenn dies so ist, dann erscheint allerdings nur logisch, daß dieses Regierungssegment, ausgestattet mit vorzüglichen Mitteln und Befugnissen, mit der Zeit zunehmend mehr Einfluß gewinnt und sich schließlich weitgehend von der eigentlichen Regierung abkoppelt.

Daraus folgt nicht unmittelbar zwangsläufig eine Oppositionshaltung, aber doch eine unkontrollierbare Machtposition. Ausgangspunkt für diese Geheimregierung mag die Formierung jener speziellen Gruppe sein, die der Kanadier Wilbert Smith mit Bezug auf Aussagen von Dr. Robert Sarbacher erwähnte, eine Gruppe um den glänzenden Forscher – und wissenschaftlichen Berater des Präsidenten – Dr. Vannevar Bush.

Auch der Ingenieur Bill Uhouse aus Nevada hat erklärt, daß eine abgekoppelte Gruppe oder eine Art »Satelliten-Regierung« existiert, deren Aufgaben ausschließlich im Zusammenhang mit der Anwesenheit Außerirdischer auf unserem

I. Das geheime Netzwerk

Überwachungsanlagen dieser Art finden sich überall in der Umgebung der Area 51. Aufnahme: Andreas v. Rétyi

Planeten stehen. Uhouse bestätigt die Aussagen von Robert Lazar weitgehend und erklärt, er – Uhouse selbst – habe den Auftrag gehabt, an der Konstruktion von Simulatoren mitzuwirken. Diese Instrumente sollten einen ähnlichen Zweck erfüllen wie irdische Flugsimulatoren, allerdings mit Hinblick auf die fremden Flugobjekte! Auch die Hinweise dieses heute recht betagten Mannes fügen sich völlig logisch ins Gesamtbild ein und legen wiederum ein Projekt nahe, bei dem Menschen versuchen, die Funktion einer nicht von ihnen geschaffenen Technologie zu verstehen, nachzubauen und zu nutzen.

Doch deutliche Indizien für eine geheim operierende Regierung liefern uns nicht nur die oft so fesselnden Berichte hochinteressanter Zeugen. Es gibt viel direktere Hinweise, bei denen uns diese Geheimregierung ihre Existenz durch eigene Aktionen belegt, die nicht immer völlig unbeobachtet bleiben können. Schon seit Jahren zeigt sich zunehmend, daß die betreffende Gruppe weit mehr über Außerirdische wissen muß, als wir uns ursprünglich im entferntesten hätten träumen lassen. Mittlerweile, so hat es den Anschein, wird es nötig, von einer großen Dreiheit zu sprechen, von einem militärisch-außerirdisch-industriellen Komplex. Es ist sicherlich nicht leicht, den Wahrheitsgehalt aller Informationen zu ermessen; besondere Probleme bringen ranghohe Persönlichkeiten mit sich, die Behauptungen jenseits jeglicher Faßbarkeit aufstellen. So erklärt beispielsweise Colonel a. D. Philip Corso, daß zahlreiche technologische Errungenschaften (wie z. B.: Transistor, Laser, Fiberoptik, Nachtsichtgeräte) nach 1947 auf Anregungen »von außen« basieren, auf außerirdischer Technologie. Wissenschaftler und Techniker hätten ohne nähere Angaben von Quellen gewissermaßen »Tips« bekommen; Wissen und Information seien immer wieder in die Industrie eingestreut und dort natürlich dankbar aufgegriffen und weiterentwickelt worden. Auf diesem Wege hätte Roswell insgeheim einen enormen Innovationsschub mit sich gebracht. Eine verrückte und durchaus anfechtbare Behauptung! Ich kenne zwar Wissenschaftler, die mir Jahre vor Corso ähnliches gesagt hatten, nämlich daß sie erstaunliches Material aus unbekannter Quelle erhalten hätten. Doch auch wenn dies eine interessante und völlig unabhängige Bestätigung genau von der anderen Seite her ist – von der Seite der Forscher und nicht des Militärs –, so ist dies eben doch kein Beweis. Sicherlich wäre alles »leichter«, wenn Corso nicht eine glänzende militärische Karriere hinter sich hätte. 1942 kam er zur Armee, er diente im Zweiten Weltkrieg, ebenso im Koreakrieg, war während der Amtszeit von US-Präsident Eisenhower Mitglied des Nationalen Sicherheitsrates im Weißen Haus und hatte nachweislich weitere hohe Ämter inne. Natürlich fragt sich da, ob ein Mann mit einem derartigen beruflichen Werdegang es denn wirklich nötig hat, mit ein paar sensationellen Geschichten einige zusätzliche Dollars zu machen und dafür seinen mühsam erworbenen Ruf von jetzt auf gleich zu verlieren!

Corso erklärt, ihm sei von seinem Vorgesetzten General Trudeau aufgetragen worden, sich mit den Informationen über das Roswell-Wrack zu befassen, als er 1961 seine Arbeit im Pentagon aufnahm. Laut Corso war das Roswell-Wrack bis 1961 unter absolutem Verschluß gehalten worden, da die Angst einer Infiltrierung der US-Regierung durch sowjetische Agenten zu groß war. Eine interessante Behauptung. Oberst Philip Corso bestätigt im übrigen ebenfalls die Existenz einer geheimen Regierungsgruppe und darüber hinaus zahlreiche Informationen, wie sie schon lange über Roswell kursieren. Ja, Corsos Angaben stehen beinahe schon in merkwürdig perfektem Einklang zu den Untersuchungen diverser Roswell-Forscher, daß mancher vielleicht nicht zu Unrecht Verdacht geschöpft hat, daß etwas mit ihm »nicht so ganz stimmt«. Oder ist es wirklich möglich, daß er die Wahrheit sagt und die Ergebnisse der derzeit führenden Roswell-Forscher bis in zahlreiche Details mit den bis dato offiziell vertuschten Tatsachen übereinstimmen? Corso erklärt sogar, er habe im Juli 1947 selbst einen außerirdischen Leichnam gesehen. Anfang Juli 1947 fuhr, so Corso, ein militärischer Lasterkonvoi in Fort Riley, Kansas, ein. Der Transport befand sich auf dem Weg von Fort Bliss nach Wright Field, Ohio. Wie Corso sich erinnert, wurde damals plötzlich die Tierklinik von Fort Riley zum Sperrgebiet erklärt, worüber sich jeder wunderte. In der Nacht befand sich Corso dann auf einem Rundgang und gelangte in einen als streng geheim ausgewiesenen Raum, für den er aber eine Freistellung hatte. Dort fand er in einem speziellen Behälter ein Wesen vor, das genau den zahlreichen, immer wiederkehrenden Beschreibungen glich, wie sie von den »Grauen«

abgegeben werden, jenen humanoiden Wesen mit ihrem im Verhältnis zu einem ausgewachsenen Menschen sehr kleinen Körper, grauer Haut, dem übergroßen Kopf und vierfingrigen Händen.

Ganz gleich, was wir von Corso und seinen spannenden Schilderungen letzten Endes auch halten mögen, ganz gleich, was hinter verschlossenen Türen ohne das Wissen der Außenstehenden vor sich geht, nichts täuscht mehr darüber hinweg, daß es ein gewaltiges Geheimnis geben muß, das seit langem vor unseren Augen verborgen gehalten wird. Davon sind nicht nur UFO-Forscher überzeugt, sondern ebenso einzelne Wissenschaftler verschiedenster Forschungsbereiche oder Gruppen wie der Federation of American Scientists (FAS), ein Zusammenschluß amerikanischer Wissenschaftler (darunter zahlreiche Nobelpreisträger) unter Vorsitz von Dr. Steven Aftergood.

Die Indizien sprechen eindeutig für sich. Denn wo es nur geht, werden Informationen zurückgehalten, Antworten auf unangenehme Fragen überhaupt nicht gegeben oder ausweichend oder widersprüchlich erwidert. Was auf einer Landkarte die weißen Flecken sind, das sind hier die absolut dunklen, schwarzen Bereiche. Nicht umsonst trägt Area 51 auch den Beinamen »Schwarze Welt«. Nicht umsonst wird der Etat topgeheimer Projekte (der »schwarzen Projekte«) im Haushalt als »Schwarzes Budget« ausgewiesen, das zwar Codenamen, doch keinen genauen »Verwendungszweck« nennt, nicht umsonst finden nachweislich sinistre Aktionen statt, in die immer wieder die sogenannten »Schwarzen Helikopter« verwickelt sind oder jene mittlerweile durch das Kino berühmten »Männer in Schwarz« (»Men in Black«), deren Vorbilder allerdings nicht der Phantasie von Hollywood-Produzenten entspringen, sondern realen Begebenheiten. Nur leider sind diese Begebenheiten längst nicht so humorig wie in der Kinoversion.

Sie, die tatsächlichen Vorgänge, zeigen, daß im weitgehend dunklen Hintergrund Kräfte agieren, deren Hauptinteressen unter anderem darauf gerichtet sind, unliebsame Zeugen – beispielsweise Menschen, die zur falschen Zeit am falschen Ort waren – möglichst umgehend und wirkungsvoll zum Schweigen zu bringen. In einigen Fällen scheint jedes Mittel recht.

Teil II: Wenn Menschen verschwinden

Von UFOs entführt?

»Sie schneiden mir ein Stück Zahnfleisch heraus. Ich bin starr vor Schrecken, wirklich starr. Und doch weiß ich... Ich kann nicht alles, was ich in diesem Moment empfinde, in Worte fassen. Ich bin wirklich entsetzt. Ich fühle mich, als ob dies psychologische Folter sei, aber ich habe keine Angst um mein Leben. Und ich bin auf hundertachtzig. Es gibt gar keine Worte, um zu beschreiben, wie wütend ich bin, weil ich das Gefühl habe, daß sie mich einfach quälen. Und ich sage: ›das muß aufhören...‹. Ich schaue in diese Augen. Ich kann es nicht glauben, daß ich in so große Augen schaue... Sobald du in diese Augen schaust, bist du weg. Du bist einfach weg... Ich kann an nichts anderes denken als an diese Augen. Es ist, als ob mich diese Augen überwältigen. Wie machen sie das? Sie durchdringen dich, Diese Augen dringen in dich ein. Du bist einfach gebannt. Du kannst nicht aufhören zu schauen. Selbst wenn du wolltest, könntest du nicht wegsehen. Du bist in ihnen gefangen, und sie kommen in dich... Meine Augen sind geöffnet, aber mein Verstand ist sozusagen verschwunden. Ich habe keinen Willen mehr. Ich habe keinen Willen mehr. Ich werde aufgesaugt und ich wehre mich nicht.« – Einige Worte von Karen Morgan, wie sie der Forscher David Jacobs in seinem Buch »Geheimes Leben« festgehalten hat. Diese Worte drücken überdeutlich das machtlose Entsetzen von Menschen aus, die völlig unwirklich scheinende – sogar ihnen selbst völlig unwirklich scheinende – Erfahrungen hinter sich haben, die jedoch immer wieder nach einem konstanten Muster abzulaufen scheinen und alles andere als Einzelfälle sind. Karen Morgan wurde offenbar entführt. Doch diejenigen, die ihre Freiheit in radikaler Weise einschränkten und sie quälten, waren keine Menschen. Zumindest weisen ihre Erinnerungen und die anderer Opfer in eine völlig abweichende, unheimliche Richtung. Denn sie beschreiben die Entführer fast einhellig als menschenähnliche, aber viel kleinere grauhäutige Wesen, mit überdimensionierten Köpfen, mit sehr großen, dunklen, mandelförmigen Augen; die Wesen besitzen keinen oder nur einen sehr kleinen Mund, keine Nase, vielmehr nur zwei Öffnungen in der Haut; auch fehlen ihnen deutlich sichtbare Ohren... Die Beschreibungen stimmen überein mit den Berichten über jene grauen Wesen, wie sie beispielsweise aus Zeugenaussagen zum Roswell-Absturz hervorgehen. Natürlich klingt das alles schon ziemlich unsinnig. Erklärungen, Menschen wurden von »Aliens« entführt, scheinen mehr als gewöhnungsbedürftig, weil schlichtweg paradox und absolut unglaubhaft. Wie sollte man sich ernsthaft damit auseinandersetzen können? Doch das Problem ist dasselbe wie mit den UFOs allgemein. Je mehr man sich damit beschäftigt, desto mehr erkennt man einen realen Hintergrund. Es kann nicht sein, daß derart übereinstimmende Aussagen völlig unabhängiger Personen, die aus allen Gesellschaftsklassen stammen und über den gesamten Globus verteilt sind, einfach nur einer zu regen Phantasie entstammen. Die Menschen, die behaupten, solche Begegnungen der »vierten Art« gehabt zu haben – also nicht »nur« eine Nahbegegnung mit einem UFO und außerirdischen Wesen (»Begegnung der dritten Art«), sondern sogar erklären, an Bord einer Art Raumschiff verbracht worden zu sein – nun, solche Leute sind zutiefst schockiert über das, was ihnen widerfahren ist. Es sind im übrigen völlig normale Personen ohne irgendwelche Auffälligkeiten, die sich jedoch durch ihre Erlebnisse, die ihnen zum Teil bewußt, zum anderen Teil aber auch im Unterbewußtsein verborgen sind, einem enormen Streß aus-

gesetzt sehen. Traurigerweise beruht ein Teil dieses Stresses auf der psychischen Belastung, mit niemandem sprechen zu können. Denn wer nimmt solche Leute ernst?!
Im Verlauf der letzten Jahre hat sich die Situation zumindest so weit geändert, daß UFO-Abduzierte, wie man die Opfer derartiger Entführungen auch nennt, durch entsprechende Publikationen mehr und mehr erfahren, daß sie nicht allein und auch alles andere als »verrückt« sind. Im Gegenteil, sie haben Hunderte von Leidensgenossen. Mittlerweile gibt es auch private Forscher und Organisationen, die versuchen, Hilfe zu leisten und das Phänomen der Entführungen zu erkunden. Auch wenn diese Arbeit den Ansichten der etablierten Wissenschaft völlig zuwiderläuft, sie ist die einzige Hilfe für die Betroffenen. Und sie bringt Stück für Stück mehr Licht in das Dunkel um die Vorgänge, die sich hier abspielen.
Karen Morgan, seinerzeit achtunddreißig Jahre alt, wurde im Jahr 1981 offenbar tatsächlich von fremden Wesen in eine ihr völlig unbekannte, künstliche, steril wirkende Umwelt gebracht. Was sie erlebte, gleicht in vielen Einzelheiten dem typischen Muster einer UFO-Abduktion: Ein Opfer oder gelegentlich auch mehrere Personen gleichzeitig haben oftmals regelrecht furchteinflößende Begegnungen mit fremden Wesen. Sie werden an einen unbekannten Ort verschleppt, der später oft als »Raumschiff« beschrieben wird. Die Fremden führen dort teils sehr schmerzhafte medizinische Untersuchungen an ihnen durch, sie verwenden lange Metallnadeln, mit denen sie Gewebeproben nehmen. Interessanterweise berichten die Opfer auch von Prozeduren, die eigentlich außergewöhnlich schmerzhaft sein und bleibende Verletzungen hinterlassen müßten. Doch nichts. Weder gibt es Schmerzen, noch gibt es Narben. Also doch nur Träume? Offenbar leider nicht, denn in anderen Fällen mit sehr ähnlichem Ablauf bleiben eben doch Spuren, welcher Art auch immer. Manchmal werden Nachbarn zu Zeugen der Entfüh-

II. Wenn Menschen verschwinden

Am 28. November 1989 wurde die New Yorkerin Linda Napolitano (oben links) aus ihrem Appartement in der Lower East Side von Manhattan angeblich von UFOs entführt. Für diesen Fall existieren zusätzliche Zeugen. Aufnahme: Andreas v. Rétyi

rung, UFOs werden beobachtet oder Landespuren gefunden. Im berühmten Fall der Linda Napolitano (Pseudonym: Cortile), der schon als der »UFO-Entführungsfall des Jahrhunderts« bezeichnet worden ist, gab es sogar ganz offenbar Zeugen, die gesehen haben, wie die New Yorkerin am 28. November 1989 aus ihrem Appartement in der Lower East Side von Manhattan nahe der Brooklyn Bridge von fremden Wesen entführt wurde. Kurioserweise soll einer dieser Zeugen ein sehr hoher Politiker gewesen sein, der in jener Nacht mit zwei Agenten auf geheimer Mission unterwegs war. Wie sich später herausstellte, war Perez de Cuellar gemeint, damals Generalsekretär der Vereinten Nationen – unnötig zu erwähnen, daß Cuellar die ganze Geschichte bis heute vehement als unwahr bezeichnet. Nun, dieser Fall ist viel zu umfangreich, als daß wir uns hier wirklich ausführlich mit ihm beschäftigen könnten, außerdem wurde mittlerweile schon genug über ihn geschrieben und veröffentlicht. Überhaupt häuft sich selbst die ernsthafte Literatur zum UFO-Entführungsthema wahrhaft zu Berge, so daß sich jeder einen guten Überblick darüber verschaffen kann, was vor sich geht und, was natürlich besonders wichtig ist, daß hier überhaupt etwas vor sich geht! Für mich ist an dieser Stelle allerdings vor allem wichtig – nach einem kleinen Einblick in dieses verblüffende und durchaus auch beunruhigende UFO-»Begleitphänomen« –, den Blick auf solche Fälle und Vorgänge zu lenken, die unter anderem auf eine Verbindung zwischen Entführungen durch Außerirdische und Aktionen einer geheimen Gruppe der Regierung hinweisen...

Ein Merkmal der UFO-Entführungen ist, daß den »Abductees«, also den Entführungsopfern, sehr kleine Objekte in den Körper eingeschleust werden. Solche Implantate finden sich oft in der Nähe des Gehirns und werden z. B. über Ohren oder Nase eingepflanzt. Kein Wunder, wenn die Entführten nicht selten über starke Kopf- oder Ohrenschmerzen klagen, oder auch über starkes nächtliches Nasenbluten! In den letzten Jahren sind Abductees immer wieder winzige künstliche Gegenstände herausoperiert worden, Fremdkörper, die jedoch ganz hervorragend in das Gewebe der betreffenden Personen integriert waren. Die kaum feststellbaren Körperchen schienen metallisch; doch gab es Hinweise darauf, daß einige auch aus biologischen Komponenten bestanden.

Vor allem die beiden Amerikaner Dr. Roger Leir und Derrel Sims sind durch ihre Berichte über Implantate weithin bekanntgeworden, auch wenn noch nicht alle Ergebnisse vorliegen und ihre Arbeit keineswegs unumstritten ist.

Dr. Leir ist ein auf Fußchirurgie spezialisierter Arzt, der seit 1995 mehreren Patienten ungewöhnliche Implantate entfernt hat. Die meisten jener Personen erinnerten sich an eine UFO-Entführung! Leir und Sims berichteten in der folgenden Zeit über verblüffende Ergebnisse ihrer Forschungen. Die klar geometrisch geformten Objekte seien von einer auffallenden Vielzahl von Nervenenden umgeben gewesen, hätten einen metallischen Kern innerhalb einer aus Körpergewebe aufgebauten Membran besessen und eine chemische Zusammensetzung wie ein Halbleiterchip!

Was hat das zu bedeuten?

Die Implantate könnten Kontrollsensoren sein, die Daten über den menschlichen Körper aufzeichnen oder auch den Aufenthaltsort einer bestimmten Person zu jedem Zeitpunkt verläßlich angeben.

In irdischen Labors, zum Beispiel in den »National Institutes on Health«, USA, werden bereits seit fünfundzwanzig Jahren Implantationsexperimente am menschlichen Gehirn durchgeführt. Tatsächlich sind die ersten Schritte hin zum »Cyborg« getan, zum kybernetischen Organismus, in dem sich biologische und technische Komponenten zu einer symbiotisch funktionierenden Einheit verbinden. So wurde bekannt, daß Wissenschaftler bereits die Entwicklung eines Chips planen, der als »Seelenfänger« bezeichnet wird. Er soll mit dem Auge des Menschen verbunden sein, um die dort eintreffenden Sinnesreize aufzuzeichnen, abzuspeichern und in Computer zu übertragen, oder – auf welche Weise auch immer – in ein anderes Gehirn! Unsere Technologie ist heute schon Utopie!

Könnten die angeblich außerirdischen Implantate vielleicht doch irdischen Ursprungs sein? Nun, einige scheinen zu fortgeschritten zu sein, als daß sie wirklich von der Erde stammen dürften, obwohl kaum jemand den Stand geheimer Technologie sicher abschätzen wird können.

Ein Patient von Dr. Leir erklärte selbst, er habe niemals irgendwelche Erinnerungen an eine Begegnung mit Außerirdischen gehabt. Dagegen habe er für das amerikanische Verteidigungsministerium gearbeitet und ihm sei, als er Probleme mit einem Backenzahn bekam, von seinem Arbeitgeber ein spezieller Arzt zur Behandlung empfohlen worden. Dort wurde ein Eingriff am Kiefer unternommen, und genau seitdem litt der Mann an gesundheitlichen Problemen; zum Beispiel hörte er ständig Stimmen. Schließlich zeigte sich auf Röntgenaufnahmen ein Implantat. Man hatte es ihm wohl zu Überwachungszwecken einpflanzen lassen!

Wer aber hegt Interesse daran, die anderen Entführten zu überwachen? Ebenfalls die Regierung? Oder doch eher Außerirdische? Wie kommt es, daß die meisten Menschen, die Träger solcher Fremdkörper sind, Erinnerungen an nichtmenschliche Wesen haben?

Es gibt Forscher, die spekulieren, den Abductees würden von (un)menschlichen Experimentatoren, die im Rahmen streng geheimer Regierungsprojekte genetische Tests durchführten, »Deckerinnerungen« ins Gedächtnis geprägt. Auf diese Weise blieben die eigentlichen Verursacher unerkannt, und den Opfern würde freilich niemand glauben, wenn sie von Außerirdischen erzählten. Vielleicht untersuchte man die Opfer medizinisch, da sie unwissentlich radioaktiver Strahlung ausgesetzt waren.

Eine interessante Idee, in der Tat. Doch haben wir mindestens ein Problem damit: Es gibt nicht erst seit gestern Entführte, die ganz deutlich voneinander getrennte Erinnerungen an Entführungen durch Militärpersonal *und* durch Außerirdische besitzen! Somit scheinen *beide* Komponenten zu existieren. Wenn aber ein und dieselbe Person sowohl (zunächst) von fremden Wesen und (dann) von Militär- oder Regierungsleuten entführt wird, so liegt ein tieferer Zusammenhang unfraglich nahe. Überhaupt sind die Verwicklungen in dieser Sache wirklich bemerkenswert, und bei einem Blick auf die komplette Situation zeichnet sich ein bedrohliches Bild ab. Denn immer wieder berichten Entführte davon, neben »Aliens« auch Menschen im Hintergrund gesehen zu haben! Gerade so, als ob tatsächlich eine geheime Regierung existiert, die sehr viel mehr weiß, als wir noch bis vor kurzem geahnt hätten; eine Regierung, die demnach sogar – vielleicht sogar unter Zwang? – von manchen Vorhaben der »Fremden« weiß. Natürlich, das läßt sich nicht beweisen. Dieses Szenario kann man nur als spekulativ bezeichnen, da es auf kaum faßbaren Zeugenaussagen fußt, die viele Zeitgenossen ohne Frage als Unsinn abtun. Doch wer die dramatischen und hochpräzisen, über Jahre hinweg aufgezeichneten Berichte der Betroffenen liest, wer ihre Emotionen unter fachkundig geführten Hypnoseregressionen verfolgt, wer die Ergebnisse anerkannter Kapazitäten der Psychiatrie und Psychologie zur Kenntnis nimmt, sollte eigentlich stutzig werden. Es spricht alles für reale Erlebnisse.

Der Fall »Haley«

Leah Haley, eine junge amerikanische Buchhaltungslehrerin, hat wohl einige der unvorstellbarsten und bedrohlichsten Situationen durchlebt, die man sich vorstellen kann. Ihr Bericht ist in der Tat unfaßbar, und wir haben nicht mehr als ihr Wort dafür, daß alles so geschehen ist, wie sie es beschreibt.

Ich bin Leah Haley und ihrem Mann bisher leider nur einmal begegnet. Doch selbst, wenn wir einen Menschen sehr gut kennen, nie werden wir wirklich in ihn hineinsehen können. Was sie sagt, ist jedoch widerspruchsfrei. Leah Haley weiß ihre ungewöhnliche Situation gut einzuschätzen. Auch ihr hat man vorgeworfen, sie sei nur daran interessiert, berühmt zu werden und mit ihrer »Story« möglichst viel Geld zu verdienen. Die Realität sieht aber oft ganz anders aus. Leah Haley hat ihren Job verloren, sie wurde bedroht und bekam auch Probleme mit der eigenen Familie. »Ich habe mir gewünscht, verrückt zu sein«, sagt sie, »aber nur nicht, daß das alles wirklich wahr sein könnte. Denn wenn ich verrückt wäre, dann könnte man mir vielleicht noch helfen!«

Als Kind, so etwa im Alter von neun Jahren, sah sie zusammen mit ihrem Bruder mehrere runde, »blaue und silberne Lichter« am Himmel, von denen eines schließlich im Wald landete. Später hatte sie dann merkwürdige »Träume«. So erinnerte sich Leah daran, ihr sei einmal so gewesen, als ob sie in einen runden Raum gebracht worden sei, der sich in einem fremden Raumfahrzeug befand: »Ich lag auf einer flachen Plattform, wie auf einem Untersuchungstisch in der Praxis eines Arztes. Kleine Kreaturen machten etwas mit mir«, so erzählte sie viele Jahre später ihrer Mutter und ihrem Bruder nach langem Zögern. Zunächst schien es wirklich nichts als ein Traum zu sein. Doch Leahs Bruder, der kurze Zeit vorher ein Buch über UFO-Entführungen gelesen hatte, war von den weiteren Schilderungen seiner Schwester überrascht, denn vieles stimmte oft haargenau mit den Berichten der dort erwähnten Zeugen überein. Leah selbst allerdings hatte sich vorher nie mit dem Thema befaßt. Doch immer wieder hatten sie jene so lebhaften »Träume« gequält, zu viele Erinnerungen an kleine Wesen und Aufenthalte in einer völlig fremden Umwelt. Nachdem sie Tausende von Dollar in Besuche bei Psychiatern und Psychologen investiert hatte, die ihr allesamt bestätigten, daß sie nicht verrückt sei, gelangte sie schließlich an einen Hypnosefachmann, der mit vielen anderen Fällen dieser so besonderen Art vertraut war und ihr offenbar helfen konnte, mit ihrer Situation klarzukommen. Allein schon zu wissen, daß es andere Leute gab, die wohl haargenau dasselbe erlebt hatten, beruhigte Leah Haley. Die Hypnose rief dann zahlreiche Erinnerungen aus dem Unterbewußtsein hervor, an die sich Leah im Wachzustand nicht mehr erinnern konnte. Auch wenn sie sich für weitere Entführungen geschworen hatte, alles genau in ihrem Gedächtnis zu behalten: Wenn es dann wieder geschah, blieben ihr anschließend viele Details verborgen. Die Entführer scheinen intensiv Einfluß auf den Geist ihrer Opfer zu nehmen, indem sie nach Abschluß ihrer »Experimente« »Screen Memories« (Deckerinnerungen) und eine Ausgangsamnesie auslösen, einen im Idealfall vollständigen Verlust der Erinnerungen an den Zeitraum und sämtliche Erlebnisse der Entführung. So erklärt sich auch der Effekt »fehlender Zeit« (der »missing time«). Die Opfer blicken später auf die Uhr und stehen vor einem Rätsel, wenn sie feststellen, daß bereits viele Stunden vorübergegangen sind, ihrem Zeitgefühl nach aber nur wenige Minuten. Die Betroffenen mögen vielleicht ungewöhnlich müde sein oder schwach, doch bleiben ihnen die Gründe dafür unerklärlich. An eine Entführung jedenfalls können sie sich nicht erinnern.

Merkwürdigerweise begann mit dem Tag, an dem Leah Haley ihre erste Hypnoserückführung erhielt, eine ganze Reihe weiterer sehr merkwürdiger Vorfälle, die ihr angst machten. Abgesehen davon, daß sie wieder einmal starke Ohrenschmerzen hatte, die ganz offenbar von den Manipulationen während der Entführungen herrührten, abgesehen auch davon, daß sie eines Nachts mit einem blutenden Ohr aufwachte, traten einige unheimliche Personen in ihr Leben, die ein seltsames Interesse an ihr zeigten. Was anfangs wie Zufall wirkte, verdichtete sich zunehmend zu einem deutlichen Verdacht und schließlich zur Gewißheit. An einem Märztag hatte Leah Haley vormittags Unterricht an der Universität Craston gegeben. Als sie anschließend über den Parkplatz ging, sah sie, wie ein Fremder um ihr völlig unscheinbares Auto herumschlich. Er blickte durch das Seitenfenster, schien alles sehr aufmerksam zu betrachten, bis Leah näher kam und er sie bemerkte. Er drehte sich weg und schaute auf den Boden ins Gras, als ob er etwas suche. Nach einer Weile setzte er sich in einen Pickup und fuhr davon. Leah merkte sich die Nummer und konnte mit einigen Anrufen schließlich herausfinden, daß der Mann aus New Orleans kam, 244 Meilen entfernt, und bei Martin Marietta arbeitete. Martin Marietta ist ein mächtiger Technologiekonzern, Vertragspartner der NASA. Später stellte sich heraus, daß jener Unbekannte dort mit der Eichung von Meßgeräten betraut war, die an den Außentanks des Space Shuttle angebracht sind. Warum interessierte er sich für das unscheinbare Fahrzeug einer an sich unscheinbaren Frau? In derselben Woche kam Leahs Mann von der Arbeit nach Hause und erzählte, eine Kollegin habe ihm zugeflüstert, sie wisse nicht, ob es im Interesse der Firma liege, ihn weiterzubeschäftigen, wenn das FBI Ermittlungen gegen ihn durchführe.

Was sollte das alles?

Wenige Wochen später hielt Leah Haley einen Kurs auf einer Luftwaffenbasis. Eines Tages kam eine Teilnehmerin auf sie zu, gab ihr etwas in die Hand und meinte: »Mein Mann hat gesagt, das soll ich Ihnen geben... Ein Stück des Space Shuttle Endeavour.« – Leah war verwundert: »Warum schickt mir Ihr Mann das?« Nun, sie konnte es ihr nicht sagen. Als Leah wieder zu Hause war, rief sie den Mann an, der es ja wohl wissen müßte. Er erklärte ihr, das sei ein Unterpfand der großen Wertschätzung, den seine Frau ihr und ihrem hervorragenden Unterricht entgegenbringe. Wirklich seltsam. Jene Frau schien davon ja nichts zu wissen, außerdem schnitt sie mit ihren Leistungen nicht einmal besonders gut ab. Was dieser Mann, ein Angehöriger der Air Force, wirklich vorhatte, darauf konnte sich Leah keinen Reim machen. Noch merkwürdiger wurde die Sache, als er Leah eröffnete, er wolle ihr die Gelegenheit geben, ein Space Shuttle bei der Landung zu beobachten und anschließend zu besichtigen. Er meinte, sie solle unbedingt eine Kamera mitnehmen, um alles genau zu fotografieren; sie hätte die Erlaubnis dazu. Dafür würde er wohl Sorge tragen. Aber sie sollte das nur nicht herumerzählen, man wolle schließlich »keine große Sache daraus machen« – deswegen sollte sie auch niemanden mitnehmen. Von diesem Moment an war Leah selbstverständlich klar, daß die ganze Geschichte mit irgendwelchen Hintergedanken verbunden war. Nur mit welchen, das blieb die Frage. Nach einer Kursstunde suchte sie der Mann auf und bedrängte sie wieder. Trotz aller Versuche Leahs, die Einladung abzubiegen, blieb er in beinahe unverschämter Weise hartnäckig. Schließlich meinte er: »Meine Frau sagte, Sie hätten ein paar Studenten erzählt, Sie wollten ein Buch über Himmelsphänomene schreiben und die Regierung wollte nicht, daß die Öffentlichkeit viel über das Thema erfährt.« – Leah stutzte. Zwar hatte sie einmal gesagt, daß sie zu Recherchen für ein Buch über persönliche

Erlebnisse verreisen mußte, denn die Frage »Was für Pläne haben Sie für die Ferien?« konnte sie wohl kaum damit beantworten, daß sie sich in Springfield/Missouri hypnotisieren lasse, um zu erfahren, ob Außerirdische sie in der Nacht entführt hätten! Woher also wußte jener Mann von ihrem Interesse? Fast klang seine Bemerkung ohnehin so wie eine Warnung.

Später erfuhr Leah per Zufall, daß um die Endeavour Wachen aufgestellt waren, die automatische Waffen trugen und dazu autorisiert waren, Unbefugten notfalls mit tödlicher Gewalt den Zugang zu verwehren. Sollte Leah in eine Falle laufen, um auf diese Weise ausgeschaltet zu werden? Kein vernünftiger Mensch hätte eine so verdächtig drängende Einladung arglos angenommen, das dürften auch die Organisatoren eines derartigen Plans geahnt haben; vielleicht diente die Aktion also nur der Einschüchterung Leahs, damit sie nur nicht weiterbohre, nicht noch mehr über ihre Erlebnisse herauszufinden versuche. Daß die Regierung ihr persönliches Interesse nicht billige, hatte man ihr immerhin explizit gesagt.

Doch wie gefährlich die Besichtigung des Shuttles werden konnte, erfuhr sie aus der Zeitung. Die »Gegenseite« konnte sich aber nicht sicher sein, ob sie diesen Beitrag später überhaupt lesen und entsprechend eingeschüchtert würde. Das könnte nahelegen, daß tatsächlich eine Attacke auf sie geplant war, vielleicht sogar unter Beteiligung von mindestens einem Wachmann, der speziell auf sie angesetzt war, nur um den Moment abzuwarten, sie zu töten. Die Rechtslage wäre ebenfalls unzweifelhaft – niemand könnte des Mordes belangt werden.

Doch wenn sie getötet werden sollte, dann hätte das doch längst geschehen können. Man hätte den Tod wie einen Unfall aussehen lassen können oder wie einen Raub- oder Selbstmord oder weiß Gott was, aber man hätte es fertigge-

bracht. Wahrscheinlich aber gibt es im so nebulösen Hintergrund verschiedene Entscheidungsträger, die dann im Ernstfall auch zu unterschiedlichen Entscheidungen gelangen. Und warum nicht Rufmord? Hatte Leah während ihrer Abduktionen etwas erfahren oder erlebt, was sie besonders gefährlich macht, ohne daß sie (selbst heute) weiß, was das ist? Es muß jedenfalls etwas sein, das nicht durch reine Lächerlichmachung aus der Welt geschafft wird.
Denkbar wäre eine Verbindung zu dem interessanten Aspekt, daß sie ihrer Aussage nach sowohl durch Außerirdische als auch durch das Militär entführt wurde.
Ende Januar, Anfang Februar 1991 hatte Leah Haley einen Traum, dessen Hintergründe unter Hypnose deutlicher herausgearbeitet wurden. Leah erinnerte sich, wie sie im Wald auf einer Lichtung stand, nachts, bei sternenklarem Himmel. Sie weiß nicht, wie sie dort hinkam. Beim Wiedererleben der Geschehnisse berichtet sie während der Hypnose von einem Hubschrauber, aus dem Leute mit Waffen steigen. Diese Personen tragen grüne Kampfanzüge. Bei den Waffen handelt es sich, wie Leah zu erkennen glaubt, um Maschinengewehre. Der Trupp ergreift sie und zwingt sie, in den Hubschrauber einzusteigen. Ein Mann, offensichtlich der Leiter der Aktion, erklärt ihr, man werde sie zum Schweigen bringen. »Sie zwingen mich, mich auf den Boden des Hubschraubers zu setzen. Er ist kalt und hart. Die Männer sitzen mit ihren Gewehren um mich herum«, rekapituliert Leah. Sie wird anschließend in ein Gebäude gebracht, in ein Konferenzzimmer und dort befragt, beschimpft und bedroht. Einer der Anwesenden sagt zu ihr: »Sie haben nichts gesehen. Sie haben kein Raumschiff gesehen. Verstehen Sie? Sie haben kein Raumschiff gesehen!« – Auf jede Frage danach, warum sie verschleppt wurde und was man denn von ihr wolle, wurde sie nur angeschrien und schroff aufgefordert, den Mund zu halten. Die ganze Atmosphäre war militärisch,

ebenso die Kleidung, die Äußerlichkeiten und das Verhalten jener Männer.

Leah Haley behauptet, daß sie, seit sie sich mit ihren UFO-Erfahrungen auseinandersetzt, seit sie offen dazu steht und u. a. durch Hypnosesitzungen versucht, mehr über ihre Erlebnisse herauszufinden, häufig Begegnungen mit rätselhaften Personen hat, Fremden, die Dinge wissen, die sie eigentlich gar nicht wissen dürften; wie sie sagt, wird ihr Telefon abgehört, sie erhält bedrohliche Anrufe, und an den Türschlössern ihres Hauses wurde wiederholt manipuliert. In all den Jahren zuvor hatte sie niemals mit solchen Schwierigkeiten zu kämpfen. Daß all dies um sie geschieht, kann – wenn wir ihre persönliche Aufrichtigkeit nicht in Frage stellen wollen – nur deshalb geschehen, weil irgend etwas sehr Ungewöhnliches mit ihr geschehen ist.

Was geschah in Simpson Springs?

George Pekoric hatte jahrelang in der US-amerikanischen Armee gedient. Wie manche berichten, arbeitete er dort als Lastwagenfahrer für das große Artilleriedepot bei Tooele in Utah.

Er war ein unverbesserlicher Eigenbrötler. Nichts als die Ruhe suchte er. Das hektische Alltagsleben war ihm schon lange zuwider, ebenso die Begegnungen mit anderen Menschen. Deshalb zog sich George Pekoric nach seinem Ausscheiden aus der Armee gänzlich von der hektischen Welt zurück. Er ging in die Wüste, suchte sich einen der einsamsten Orte im Westen der Vereinigten Staaten aus, den er nur finden konnte.

Was er zum Leben brauchte, war nicht viel. Pekoric stellte keine Ansprüche an Luxus und Lebensstil. Mit einem alten Pickup fuhr George zu einem besonders entlegenen Campingplatz in der Wüste von Utah, um dort seine Zelte aufzuschlagen. Hier, in Simpson Springs, vermeinte er, endlich den Frieden zu finden, den er so lange gesucht hatte. Tatsächlich, dieser Ort war die Abgeschiedenheit selbst, für einen Normalbürger eine Stätte der Verbannung, der Verdammnis. Wie konnte ein einzelner Mensch es hier nur aushalten? Pekoric konnte es, zunächst.

Doch bald wurde er von mysteriösen Ereignissen beunruhigt, die sein ungewöhnliches Idyll mehr und mehr zu zerstören drohten. Von diesen Vorgängen begann er, ungefähr ein Jahr, nachdem er in Simpson Springs seßhaft geworden war, einem Deputy Sheriff zu berichten, der jede Woche einmal nach dem Rechten sah und dann auch mit George einige Worte wechselte. Doch welch offenbar unsinnige Geschichten tischte der alte Mann dem Officer nun auf? Er behauptete steif und fest, in der Nacht würden gleißend helle Lichter über den Himmel hinwegziehen und in größerer Entfernung offenbar mitten in der Wüste landen. Und in der Nacht streiften gar kleinwüchsige unheimliche Wesen um sein Lager. Pekoric war davon überzeugt, daß das Militär in diese geheimnisvollen Aktivitäten verwickelt war, und diese Vermutung lag nahe. Denn unweit von Simpson Springs, im Norden dieses verlassenen Landstrichs, beginnt das ausgedehnte Gelände des streng geheimen »Dugway Proving Ground«, einer militärischen Hochsicherheitsanlage, auf der unter anderem auch Tests biologischer und chemischer Waffen durchgeführt werden. Der Campingplatz liegt nur wenige Meilen südöstlich dieses mehr und mehr geheimnisumwitterten Testgeländes, das einigen Gerüchten zufolge sogar außerirdische Technologie bergen soll, ähnlich also der berühmten Area 51 in Nevada und einigen anderen mysteriösen Militär-/Geheimdienstzentren.

Der Sheriff konnte Pekoric in diesem Fall natürlich nicht helfen oder, was die beunruhigenden Zwischenfälle in der

Nacht betraf, in irgendeiner Weise für Abhilfe sorgen. Ja, letztlich schenkte er den dramatischen Schilderungen des Alten gar keinen ernsten Glauben – was man ihm eigentlich nachsehen kann.

Bald sollte sich die Haltung des Deputy allerdings ändern. Als er einige Zeit später, im Dezember 1983, wieder einmal nach dem alten George sehen wollte, bot sich ihm auf dem Campingplatz ein merkwürdiges Bild: Zunächst schien zwar alles in Ordnung, alles befand sich offenbar am rechten Platz: Der Tisch vor dem Camper war gedeckt, und in einer Tasse war wie üblich der Kaffee, den George stets trank. Doch bei genauerem Hinsehen stimmte vieles nicht. Auf dem Herd stand eine Pfanne mit einem Ei, das völlig verbrannt war, selbst der Pfannenboden war bereits angeschmolzen, so als ob der Gasbrenner ganz besonders lang und stark darauf eingewirkt hätte. Die Propangasflaschen waren leer, die Versorgungsbatterien ebenfalls. Die Türe zum Wohnwagen war offen, und ein Taschenbuchwestern lag auf dem Boden. Weit und breit aber nicht die geringste Spur von George. Alles hatte den Anschein, als ob er das Gelände fluchtartig verlassen hatte oder aber von irgend jemandem verschleppt worden war!

Später wurde der Deputy Zeuge eines weiteren merkwürdigen Vorfalls. Kurz nachdem die Meldung über den spurlos verschwundenen alten Mann nach außen gedrungen war, tauchte ein blauer Militärlastwagen in der Gegend auf, dessen Insassen sich eingehend nach George und seinem Campingplatz erkundigten. Als der Deputy ihnen den Weg wies und sie an die Stelle des unerklärlichen Geschehens führte, machten sie ihm allerdings unmißverständlich klar, daß es in dieser Angelegenheit um Fragen der nationalen Sicherheit gehe und er gefälligst zurückzubleiben hätte.

Eine wirklich merkwürdige Geschichte. Die einzigen Quellen, durch die sie bekannt wurde, sind ein ehemaliger Ge-

heimdienstoffizier der Air Force und ein Deputy aus Utah. Sonst scheint niemand etwas darüber zu wissen, niemand scheint sich an George erinnern zu können oder zu wollen.
Tatsache ist freilich, daß in der Gegend um Dugway nur wenige Ansiedlungen und entsprechend wenig Menschen zu finden sind. Besonders die Gegend um Simpson Springs, ein Wasserloch, das übrigens nach dem aus Camp Floyd stammenden Ingenieur J. H. Simpson benannt ist, kann sich wohl rühmen, eine der verlassensten Gegenden der Vereinigten Staaten zu sein. Sämtliche »Nachbarorte« sind viele Meilen entfernt, und so ist zumindest vorstellbar, daß dort draußen jemand leben konnte, ohne daß kaum irgend jemand sonst etwas davon wußte. Einige wenige müssen es aber gewußt haben.
Angeblich hatte die lokale Zeitung »Deseret News« aus Delta/Utah bald nach dem Verschwinden des alten George einen Bericht darüber veröffentlicht. Doch später will sich niemand mehr daran erinnert haben. Während einiger persönlicher Nachforschungen traf ich schließlich an einer Tankstelle in Vernon einen Mann, der meinte, wenn jemand etwas über den alten George und Simpson Springs wissen müsse, dann wäre das Tom aus Willow Springs, einem winzigen Nest nahe dem Dugway Proving Ground. So, wie es den Anschein hatte, bestand Willow Springs nur aus einer recht verlassen wirkenden und wenig vertrauenerweckenden Bar. Nachdem ein einigermaßen freundlich dreinblickender Showshow-Hund schließlich durch lautes Bellen auf die Ankunft meiner Gefährtin Marina und mir aufmerksam gemacht hatte, tauchte ein älterer Mann auf, der zunächst etwas skeptisch wirkte. Kein Wunder. Wahrscheinlich kamen nur selten ausländische Besucher vorbei und begannen dann auch noch seltsame Fragen zu stellen. Natürlich erwies sich dieser Mann als der uns »empfohlene« Tom. Bald war auch der erste Bann gebrochen, und schließlich saßen wir sogar einige Stunden zusammen, um unter ande-

rem über unser Anliegen zu sprechen. Tom, übrigens auch Bürgermeister von Willow Springs, der sich ausführlich mit der Geschichte der Gegend befaßt hatte, holte eine ganze Reihe alter Bücher hervor und begann in Verzeichnissen nach dem Namen Pekoric zu suchen. Er selbst konnte sich nicht daran erinnern, daß dort ein alter Mann gelebt habe, aber auch ihm war klar, daß er nicht alles mitbekommen haben mochte, was meilenweit entfernt in einem noch verlasseneren Eck des Landes geschah, besonders, weil der alte George wohl auch nur einige Monate dort zugebracht hatte, bis er schließlich verschwand. So fand sich leider keine Spur, keine Notiz, kein weiterer Hinweis auf ihn. Tom erzählte uns noch, daß nicht allzuweit entfernt ein etwas eigenbrötlerischer UFO-Forscher lebe, der vielleicht mehr wußte. Er versuchte mehrmals im Lauf des Nachmittags, ihn telefonisch zu erreichen, doch meldete sich niemand.

Kurioserweise seien nur zwei Tage vor unserem Besuch in Willow Springs zwei Männer aus Colorado vorbeigekommen, die gesagt hätten, sie seien Mitglieder der UFO-Organisation MUFON. Sie hätten dieselben Fragen gestellt wie wir! Tom war über dieses wiederholte Interesse überrascht, denn normalerweise komme es nur sehr selten vor, daß jemand die Gegend aus dem Interesse an UFOs heraus aufsuche und sich nach solchen Dingen erkundige. Während unseres Gesprächs hatten wir zwischenzeitlich noch Gesellschaft zweier Männer erhalten, die in der Gegend campten und einige Wanderungen unternahmen. Der eine von ihnen, wie sich herausstellte ein Arzt aus North Dakota, war sehr interessiert an unserer Arbeit, und so hielten wir uns viel länger als geplant in Willow Springs auf. Bald wurde es draußen dunkel, so daß wir einige Recherchen um den Dugway Proving Ground auf den nächsten Tag verschieben mußten. An jenem Abend fuhren wir in einem apokalyptischen Gewitter nach Toeele zurück, einer Stadt nahe Salt Lake City, leider ohne irgendwelche Neuigkeiten über den alten George in Erfahrung bringen zu können, während die Blitze fortwährend über jener unfraglich mysteriösen Wüstengegend zuckten. Was dort, in diesem gottverlassenen Landstrich Utahs im Jahr 1983 tatsächlich geschehen ist und was heute teils noch immer geschieht, ist ein Geheimnis, das noch darauf wartet, enträtselt und gelüftet zu werden. Von George Pekoric fehlt jedenfalls bis heute jegliche Spur.

Das Rätsel von Woronesch

Das Verschwinden von Menschen begleitet das UFO-Phänomen in vielen Variationen. Sicherlich am bekanntesten sind die mittlerweile zahllosen Bericht über Entführungen einzelner oder weniger Opfer an Bord fremder Raumschiffe, wobei die Entführer meist jenem typischen Bild der außerirdischen »Grauen« entsprechen. Dann gibt es aber auch die Berichte von »Abductees«, die entweder Menschen zusammen mit den Fremden gesehen haben wollen, während sie sich in der ihnen unbekannten Umgebung befanden, oder aber behaupten, sie seien nicht nur eindeutig von UFO-Besatzungen entführt worden, sondern ebenso von Militär- bzw. Regierungsangehörigen. Am Paradebeispiel von Leah Haley sind wir einem solchen Bericht nachgegangen. Oftmals scheinen solche Entführungen nur wenige Stunden zu dauern, gelegentlich aber auch mehrere Tage, wie im berühmten Fall des Waldarbeiters Travis Walton. Seine Kollegen wurden Zeugen der Entführung durch ein UFO, doch nachdem Travis nicht mehr auftauchte, bezichtigte man sie des Mordes. Vom alten George hörte man wie gesagt nie wieder etwas, und angesichts der Indizienlage und der sehr wenigen bestätigenden Zeugenaussagen ist fraglich, ob er überhaupt je existiert hat und sein Verschwinden real ist.

EVALUATED INTELLIGENCE. REPORT CLASSIFIED

-- ----------
                        DEPARTMENT OF DEFENSE

DOI: (U) 900326.

REQS:

SOURCE: A- (U) LA DERNIER HEURE, 20 MAR, DAILY FRENCH
LANGUAGE PAPER, CIRC 100,000; B- (U) LE SOIR, 26 MAR,
DAILY FRENCH LANGUAGE PAPER, CIRC 213,000;

SUMMARY: (U) NUMEROUS UFO SIGHTINGS HAVE BEEN MADE IN
BELGIUM SINCE NOV 89. THE CREDIBILITY OF SOME INDIVIDUALS
MAKING THE REPORTS IS GOOD. SOME SIGHTINGS HAVE BEEN
EXPLAINED BY NATURAL/MANMADE PHENOMENA, SOME HAVE NOT.
INVESTIGATION BY THE BAF CONTINUES.

TEXT: 1. (U) NUMEROUS AND VARIOUS ACCOUNTS OF UFO
SIGNTINGS HAVE SURFACED IN BELGIUM OVER THE PAST FEW
MONTHS. THE CREDIBILITY OF THE OBSERVERS OF THE ALLEDGED
EVENTS VARIES FROM THOSE WHO ARE UNSOPHISTICATED TO THOSE
WHO ARE THE WELL EDUCATED AND PROMINENTLY PLACED.

2. (U) SOURCE A CITES MR LEON BRENIG, A 43 YEAR OLD
PROFESSOR AT THE FREE UNIVERSIY OF BRUSSELS (PROMINENT) IN
THE FIELD OF STATISTICS AND PHYSICS. HE CLAIMS TO HAVE
TAKEN PICTURES OF THE PHENOMENA WHICH ARE STILL BEING
DEVELOPED BUT WILL BE PUBLISHED BY THE BELGIAN SOCIETY FOR
THE STUDY OF SPACE PHENOMENA IF THEY ARE OF GOOD QUALITY.

3. (U) MR BRENIG WAS DRIVING ON THE ARDENNES AUTOROUTE IN
THE BEAUFAYS REGION EAST OF LIEGE, SUNDAY, 18 MARCH 1990
AT 2030 HOURS WHEN HE OBSERVED AN AIRBORNE OBJECT
APPROACHING IN HIS DIRECTION FROM THE NORTH. IT WAS IN
THE FORM OF A TRIANGLE ABOUT THE SIZE OF A PING-PONG BALL
AND HAD A YELLOW LIGHT SURROUNDING IT WITH A REDDISH
CENTER VARYING IN INTENSITY. ALTITUDE APPEARED TO BE 500
- 1000 METERS, MOVING AT A SLOW SPEED WITH NO SOUND. IT
DID NOT MOVE OR BEHAVE LIKE AN AIRCRAFT.

4. (U) MR BRENIG CONTACTED A FRIEND VERY NEAR THE AREA
WHO CAME OUT AND TOOK PICTURES OF IT WITH A ZOOM LENS AND
400 ASA FILM. BOTH INSISTED THE OBJECT COULD NOT BE AN
AIRCRAFT OR HOLOGRAMME FROJECTION AS THE SKY WAS CLOUDLESS.

5. (U) THE SOURCE B ARTICLE WHICH DISCUSSES A BELGIAN
TELEVISION INTERVIEW WITH COL WIL ((DEBROUWER)), CHIEF OF
OPERATIONS FOR THE BAF, MOST LIKELY WAS THE RESULT OF A
FOLLOW-ON ACTION TAKEN BY MR BRENIG WHEN HE CONTACTED
LTGEN ((TERRASSON)), COMMANDER, BELGIAN TACTICAL
(OPERATIONAL) COMMAND. GEN TERRASSON CATEGORICALLY
ELIMINATED ANY POSSIBLE BAF AIRCRAFT OR ENGINE TEST
INVOLVEMENT WHICH COL DEBROUWER CONFIRMED DURING THE 25

ADMIN
BT

```
                                                                    PAGE:0014
INQUIRE=DOC10D
ITEM NO=00503294
ENVELOPE
CDSN = LGX492   MCN = 90089/26566   TOR = 900891502
RTTCZYUW RUEKJCS5049 0891251-CCCC--RUEALGX.
ZNY CCCCC
HEADER
R 301251Z MAR 90
FM JOINT STAFF WASHINGTON DC
INFO RUEADWD/OCSA WASHINGTON DC
RUENAAA/CNO WASHINGTON DC
RUEAHQA/CSAF WASHINGTON DC
RUEACMC/CMC WASHINGTON DC
RUEDADA/AFIS AMHS BOLLING AFB DC
RUFTAKA/CDR USAINTELCTRE HEIDELBERG GE
RUFGAID/USEUCOM AIDES VAIHINGEN GE
RUETIAQ/MPCFTGEORGEGMEADEMD
RUEAMCC/CMC CC WASHINGTON DC
RUEALGX/SAFE
R 301246Z MAR 90
FM
TO RUEKJCS/DIA WASHDC
INFO RUEKJCS/DIA WASHDC//DAT-7//
RUSNNOA/USCINCEUR VAIHINGEN GE//ECJ2-OC/ECJ2-JIC//
RUFGAID/USEUCOM AIDES VAIHINGEN GE
RHFQAAA/HQUSAFE RAMSTEIN AB GE//INOW/INO//
RHFPAAA/UTAIS RAMSTEIN AB GE//INRMH/INA//
RHDLCNE/CINCUSNAVEUR LONDON UK
RUFHNA/USDELMC BRUSSELS BE
RUFHNA/USMISSION USNATO
RUDOGHA/USNMR SHAPE BE
RUEAIIA/CIA WASHDC
RUFGAID/JICEUR VAIHINGEN GE
RUCBSAA/FICEURLANT NORFOLK VA
RUEKJCS/SECDEF WASHDC
RUEHC/SECSTATE WASHDC
RUEADWW/WHITEHOUSE WASHDC
RUFHBG/AMEMBASSY LUXEMBOURG
RUEATAC/CDRUSAITAC WASHDC
BT
CONTROLS
                         SECTION 02 OF 02                05049
```

SERIAL: (U) IIR 6 807 0136 90.

BODY
COUNTRY: (U) BELGIUM (BE).

SUBJ: IIR 6 807 0136 90/BELGIUM AND THE UFO ISSUE (U)

MAR TV SHOW.

II. Wenn Menschen verschwinden

PAGE:0015

6. (U) DEBROUWER NOTED THE LARGE NUMBER OF REPORTED SIGHTINGS, PARTICULARLY IN NOV 89 IN THE LIEGE AREA AND THAT THE BAF AND MOD ARE TAKING THE ISSUE SERIOUSLY. BAF EXPERTS HAVE NOT BEEN ABLE TO EXPLAIN THE PHENOMENA EITHER.

7. (U) DEBROUWER SPECIFICALLY ADDRESSED THE POSSIBILITY OF THE OBJECTS BEING USAF B-2 OR F-117 STEALTH AIRCRAFT WHICH WOULD NOT APPEAR ON BELGIAN RADAR, BUT MIGHT BE SIGHTED VISUALLY IF THEY WERE OPERATING AT LOW ALTITUDE IN THE ARDENNES AREA. HE MADE IT QUITE CLEAR THAT NO USAF OVERFLIGHT REQUESTS HAD EVER BEEN RECEIVED FOR THIS TYPE MISSION AND THAT THE ALLEGED OBSERVATIONS DID NOT CORRESPOND IN ANY WAY TO THE OBSERVABLE CHARACTERISTICS OF EITHER U.S. AIRCRAFT.

8. (U) MR BRENIG HAS SINCE ASSURED THE COMMUNITY THAT HE IS PERSONALLY ORGANIZING A NEW UFO OBSERVATION CAMPAIGN AND SPECIFICALLY REQUESTS THE HELP OF THE BELGIAN MOD.

9. ▆▆▆▆ RELATED A SIMILAR UFO SIGHTING WHICH APPARENTLY HAPPENED TO A BELGIAN AIR FORCE OFFICER IN THE SAME AREA NEAR LIEGE DURING NOVEMBER 89. THE OFFICER AD HIS WIFE WERE ALLEDGEDLY BLINDED BY A HUGE BRIGHT FLYING OBJECT AS THEY WERE DRIVING ON THE AUTOROUTE. THEY STOPPED THEIR CAR, BUT WERE SO FRIGHTENED THEY ABANDONED THE VEHICLE AND RAN INTO THE WOODS. THEY COULD NOT PROVIDE A DETAILED DESCRIPTION BUT WHATEVER IT WAS DEFINITELY APPEARED REAL TO THEM. ▆▆▆▆ UNDERLINED THEIR CREDIBILITY AS SOLID.

COMMENTS: 1. ▆▆▆▆ COMMENT. HE COULD PROVIDE VERY LITTLE CONCRETE INFORMAITON EXCEPT TO VERIFY THE LARGE VOLUME OF SIGHTINGS AND THE SIMILARITY OF SOME DURING NOV 89.

2. ▆▆▆▆ THE BAF HAS RULED SOME SIGHTINGS WERE CAUSED BY INVERSION LAYERS, LAZER BEAMS AND OTHER FORMS OF HIGH INTENSITY LIGHTING HITTING CLOUDS. BUT A REMARKABLE NUMBER OCCURRED ON CLEAR NIGHTS WITH NO OTHER EXPLAINABLE ACTIVITY NEARBY.

3. ▆▆▆▆ THE BAF IS CONCERNED TO A POINT ABOUT THE UFO ISSUE AND IS TAKING ACTION TO INVESTIGATE INFORMATION THEY HAVE. ▆▆▆▆ DOES ADMIT, HOWEVER, THAT HE IS NOT OPTIMISTIC ABOUT RESOLVING THE PROBLEM.

4. ▆▆▆▆ FIELD COMMENT. THE USAF DID CONFIRM TO THE BAF AND BELGIAN MOD THAT NO USAF STEALTH AIRCRAFT WERE OPERATING IN THE ARDENNES AREA DURING THE PERIODS IN QUESTION. THIS WAS RELEASED TO THE BELGIAN PRESS AND RECEIVED WIDE DISSEMINATION.

PAGE:0016

```
ADMIN
PROJ:   (U)
INSTR:  (U) US NO.
PREP:
ACQ:
DISSEM: (U) FIELD: AMEMBASSY BRUSSELS (DCM).
WARNING: (U) REPORT CLASSIFIED
```

BT

Dokument des amerikanischen Verteidigungsministeriums über unerklärliche Sichtungen dreiecksförmiger UFOs über Belgien. In den Jahren 1989/1990 sahen Tausende diese Objekte.

Im Gegensatz dazu kursieren andere, noch weit »verrücktere«, doch bestens belegte Schilderungen über UFO-Begegnungen und das damit verbundene Verschwinden von Menschen, die beinahe alles möglich erscheinen lassen. So kam es im Jahr 1989 zu einer Reihe von Ereignissen, bei denen Menschen kurzzeitig während UFO-Erscheinungen entführt wurden und unversehrt zurückkehrten.

Eigentlich klingt die Geschichte wirklich lächerlich: Am Abend des 27. September 1989 beobachteten mehrere spielende Schulkinder in der russischen Millionenstadt Woronesch, wie ein rosafarbenes bis rotes, kugelförmiges Objekt am Himmel auftauchte und heranflog. Die etwa zehn Meter große Sphäre schwebte in einer Höhe von vielleicht fünfzehn Metern über dem Boden. Das Gras direkt unter dem Objekt wurde durch eine nicht erkennbare Kraft niedergedrückt. Dann entfernte sich die leuchtende Sphäre wieder, um allerdings bald wieder zurückzukehren. Was nun folgt, klingt wie die Story eines drittklassigen Science-fiction-Streifens und wurde in zahlreichen Medien auch demgemäß besprochen, wobei allerdings wesentliche Details ausgelassen wurden, die der Geschichte doch Gewicht verleihen. Dazu zählt unter anderem auch die Tatsache, daß nicht nur *einige wenige* Schulkinder, vornehmlich die beiden Jungen Vasya Surin und Genya Blinov, Zeugen der Landung des Objektes geworden sind, sondern auch zahlreiche weitere Personen, die meisten darunter Erwachsene. Insgesamt konnten rund vierzig Zeugen befragt werden, die übereinstimmend die gleichen Aussagen machten.

Noch während sich das UFO im Schwebeflug befand, öffnete sich am unteren Teil der Kugel eine Bodenluke. Nun zeigte sich ein sehr großes Wesen, das eine Art silbernen Overall trug, und, so sah es aus, bronzene Stiefel. Die Luke schloß sich wieder, worauf das Objekt tiefer sank. Es streifte eine Pappel, deren Äste brachen, und landete schließlich. Aus dem UFO trat jenes riesige, den Angaben nach etwa drei Meter große Wesen hervor; sein Kopf wurde bemerkenswert klein beschrieben. Er schien direkt auf den Schultern zu sitzen und besaß zwischen den Augen etwas, das zwar aussah wie ein weiteres Sehorgan, aber möglicherweise doch keins war. Einige Zeugen meinten jedenfalls, es habe nach etwas anderem ausgesehen, sei aber undefinierbar gewesen.

Die Geschichte wird noch wilder. Zusammen mit jener monströsen Kreatur verließ ein roboterähnliches eckiges »Ding« mit Knöpfen und Antennen das Gefährt. Dann schien das Wesen etwas zu äußern, worauf ein leuchtendes Rechteck am Boden erschien, nicht ganz einen auf anderthalb Meter groß. Nachdem das Geschöpf wiederum Laute von sich gegeben hatte, verschwand das Rechteck wieder. Nun wandte sich das fremde Wesen dem roboterartigen Gerät zu und brachte an dessen Vorderseite etwas an, das möglicherweise der Auslöser war, um es in Bewegung zu versetzen. Jedenfalls begann der Roboter sich nach vorne zu bewegen. Einer der Jungen geriet in diesem Moment in Panik und schrie laut auf. Das Wesen blickte ihn an und schien einen Strahl aus den Augen auszustoßen, der den Jungen sofort lähmte. Die Zeugen begannen unruhig zu werden und zu schreien, doch kurz darauf verschwanden der Fremde, der Roboter und die Sphäre. Und wieder tauchten sie dem Bericht zufolge sehr bald und sehr unvermittelt wieder auf. Nun richtete das riesige Wesen einen länglichen Tubus auf einen sechzehnjährigen Jungen, der dem Landeplatz am nächsten stand. Die umstehenden Beobachter erzählten später einhellig, daß daraufhin der Teenager verschwunden sei, von einer Sekunde auf die andere. Als bald darauf der Fremde in sein sphärisches Flugobjekt einstieg und sich das Gefährt mit zunehmender Geschwindigkeit davonbewegte, tauchte der Junge wieder auf, am selben Ort, an dem er verschwunden war.

Diese Story klingt völlig abstrus. Nachdem ich die ersten Berichte gelesen hatte, legte ich die entsprechenden Magazine zur Seite und wandte mich anderen Dingen zu. Verwunderlich waren allerdings doch einige Aspekte. Zunächst schon einmal der Umstand, daß die Tass über das Büro von Associated Press über den Vorfall berichtete, wobei die Rede davon war, daß Wissenschaftler die Landung bestätigten und Spuren gefunden hätten. Welche Wissenschafler waren das, was hatten sie herausgefunden? Welche Bedeutung kam den anderen Zeugen zu?
In der Folgezeit schaltete sich der langjährige UFO-Forscher Dr. Jacques Vallée in die Ermittlungen ein. Vallée, ein französisch-amerikanischer Astrophysiker und Computerwissenschaftler, hatte früher für das US-Verteidigungsministerium gearbeitet und nimmt das UFO-Phänomen schon seit der Zeit ernst, als er Zeuge wurde, wie in einer großen französischen Sternwarte Daten über unerklärliche und damit unbequeme Sichtungen von Flugkörpern beseitigt wurden. Vallée versuchte im Lauf der Zeit, im Fall Woronesch wohl eine Brücke über die Kluft zu schlagen, die sich zwischen der Arbeit russischer Forscher einerseits und der Medienberichterstattung im Westen andererseits aufgetan hatte. Schon im Januar 1990 traf er sich in Moskau mit den entscheidenden Untersuchern und kam zu dem Schluß, daß der Vorfall von Woronesch trotz der so unglaublichen, ja unglaubhaften Geschichte tatsächlich stattgefunden haben muß. Und er erhielt weitere Bestätigungen seiner sehr kooperativen Kollegen in Rußland, daß dies längst nicht der einzige Fall war, sondern in den Monaten davor bereits eine auffallend hohe Zahl an Sichtungen bekannt wurde.
Am 24. April 1989 beobachtete die Zeugin I. Veselova ein riesiges Objekt, das still über dem Ort Tscherepowez schwebte.
Am 6. Juni zeigte sich ein heller, leuchtender Punkt am Him-

mel über dem Dorf Konantsewo, der immer näher kam, bis er schließlich als leuchtende Sphäre zu sehen war. Sie landete auf einer Wiese und spaltete sich in zwei Hälften. Aus einer Entfernung von rund vierhundert Metern beobachtete eine Schulklasse, wie dem Objekt ein Wesen entstieg, das offenbar keinen Kopf und sehr lange Arme besaß. Es dauerte nicht lange, und die »Erscheinung« wurde unsichtbar, bis schließlich drei solcher Kugeln auf derselben Wiese landeten. Interessant ist, daß die jugendlichen Zeugen auf diese Entfernung überhaupt etwas erkennen konnten; offenbar ist dies der Größe des Wesens zuzuschreiben.

Nur wenige Tage darauf, am späteren Abend des 11. Juni 1989, sah die Zeugin Olinska Lubnina eine feurig leuchtende Kugel am Himmel. Das Objekt, das ihr gegen 21.20 Uhr jener Nacht auffiel, blieb rund siebzehn Minuten lang sichtbar. Der Ort dieser Sichtung lag wie Konantsewo wieder in der zentralrussischen Wologda-Region und auch in der Nähe desselben Distrikts (Kharaowsk). Nachdem es über eine Viertelstunde verharrt hatte, startete das UFO nach oben und »verschmolz mit den Sternen«, so erinnert sich die Zeugin.

Übrigens geschah es ebenfalls in der Wologda-Region, daß eine Frau verschwand, als sie sich einem Wesen näherte. Der UFO-Forscher Professor Wladimir Azhazha erklärte gegenüber Vallée: »In Woronesch sind Leute verschwunden und später wieder aufgetaucht. Anscheinend ist ihnen nichts weiter zugestoßen. Solche Dinge sind auch an anderen Orten passiert. In Wologda wurde eine Frau aus dem Dorf beobachtet, die sich einem der Insassen näherte. Beide verschwanden vor den Augen einer Gruppe von Zeugen. Die Frau kehrte ebenso plötzlich zurück, wie sie verschwunden war. Sie weinte und war verwirrt und konnte sich nicht erinnern, was mit ihr geschehen war. Wir haben zahlreiche Fälle dieser Art in unseren Akten.«

TOP SECRET / MAJIC
NATIONAL SECURITY INFORMATION

001

****
* TOP SECRET *
****

EYES ONLY   COPY ONE OF ONE.

BRIEFING DOCUMENT: OPERATION MAJESTIC 12

PREPARED FOR PRESIDENT-ELECT DWIGHT D. EISENHOWER: (EYES ONLY)

18 NOVEMBER, 1952

WARNING! This is a TOP SECRET - EYES ONLY document containing
compartmentalized information essential to the national security
of the United States. EYES ONLY ACCESS to the material herein
is strictly limited to those possessing Majestic-12 clearance
level. Reproduction in any form or the taking of written or
mechanically transcribed notes is strictly forbidden.

****
TOP SECRET / MAJIC   T52-EXEMPT (E)
EYES ONLY   EYES ONLY   00

II. Wenn Menschen verschwinden

```
TOP SECRET / MAJIC                                    002
EYES ONLY
       * TOP SECRET *
       ***************
```

EYES ONLY   COPY ONE OF ONE.

SUBJECT: OPERATION MAJESTIC-12 PRELIMINARY BRIEFING FOR
PRESIDENT-ELECT EISENHOWER.

DOCUMENT PREPARED 18 NOVEMBER, 1952.

BRIEFING OFFICER: ADM. ROSCOE H. HILLENKOETTER (MJ-1)

NOTE: This document has been prepared as a preliminary briefing
only. It should be regarded as introductory to a full operations
briefing intended to follow.

* * * * * *

OPERATION MAJESTIC-12 is a TOP SECRET Research and Development/
Intelligence operation responsible directly and only to the
President of the United States. Operations of the project are
carried out under control of the Majestic-12 (Majic-12) Group
which was established by special classified executive order of
President Truman on 24 September, 1947, upon recommendation by
Dr. Vannevar Bush and Secretary James Forrestal. (See Attachment
"A".) Members of the Majestic-12 Group were designated as follows:

> Adm. Roscoe H. Hillenkoetter
> Dr. Vannevar Bush
> Secy. James V. Forrestal*
> Gen. Nathan F. Twining
> Gen. Hoyt S. Vandenberg
> Dr. Detlev Bronk
> Dr. Jerome Hunsaker
> Mr. Sidney W. Souers
> Mr. Gordon Gray
> Dr. Donald Menzel
> Gen. Robert M. Montague
> Dr. Lloyd V. Berkner

The death of Secretary Forrestal on 22 May, 1949, created
a vacancy which remained unfilled until 01 August, 1950, upon
which date Gen. Walter B. Smith was designated as permanent
replacement.

```
              **************
              * TOP SECRET *
EYES ONLY    TOP SECRET / MAJIC
              EYES ONLY         T52-EXEMPT (E)
                                       001
```

Zwei Seiten der berühmten Majestic-12-Papers, aus denen die Realität des UFO-Absturzes von Roswell hervorgeht, die Bergung des Raumschiffes und außerirdischer Leichname durch das Militär sowie die Existenz einer hochrangigen Geheimgruppe (MJ-12) zur Bewältigung sämtlicher Aufgaben im Zusammenhang mit Außerirdischen und dem Absturz.

Am 17. August 1989 kam es auf der Halbinsel Mangyshlak am Kaspischen Meer zu wiederholten Sichtungen eines auffallend großen Flugobjekts, dessen Lichter eine unheimliche Szenerie in den Himmel gezaubert haben sollen. Als die unerklärliche Flugmaschine, die größer als ein Passagierflugzeug war, über dem Meer hinter den Wolken verschwunden war, konnte das von ihm ausgehende Licht dennoch weiter verfolgt werden.

Drei Tage später, also am 20. August 1989, fand ein Trupp Straßenbauarbeiter einen runden Bereich auf einer Wiese, innerhalb dessen das Gras verbrannt war.

Dann, in den Tagen vor und nach dem »Hauptereignis« von Woronesch, meldeten Bewohner zahlreiche weitere Sichtungen, vor allem zwischen dem 21. und dem 29. September 1989. Der Physiker Professor Genrikh Silanov stellte sogar fest, daß es in dieser Zeit drei Landungen gegeben habe, von denen die erste am 21. September beobachtet worden sei. Auch hier wurden Zeugenaussagen zufolge humanoide Wesen und eine roboterartige Maschine beobachtet, die eine leuchtende Sphäre verließen.

Natürlich wird man schon recht nachdenklich, wenn in den Berichten solche Elemente wie »Roboter«, aus den Augen eines »humanoiden Wesens« ausgesandte »Strahlen« usw. auftauchen. Sie scheinen regelrecht nach einem Phantasiemärchen zu »riechen«! Roboter, die als Helfer Außerirdischer auftreten und sich wie Maschinen bewegen, wirken doch sehr wie irdische Technologie, eines extraterrestrischen Wesens, das den Interstellarflug beherrscht, gewissermaßen gar nicht würdig.

Andererseits muß etwas sehr Ungewöhnliches in Woronesch geschehen sein. Verwunderlicherweise ist davon selbst der sonst sehr skeptische Jacques Vallée überzeugt. Und die Gründe dafür sind gleichfalls nicht zu verachten. Immerhin gab es eine überwältigend große Zahl an unabhängigen

Zeugen. Abgesehen von denjenigen, die direkt verfolgen konnten, wie Landungen stattfanden, gab es Hunderte, ja gar Tausende von Menschen, die in jener Zeit UFOs am Himmel sahen. Ein Team von Wissenschaftlern untersuchte überdies die Landeplätze, nahm Bodenproben und konnte eindeutige Spuren feststellen. Von einigen Stellen ging eine deutlich erhöhte radioaktive Strahlung aus, auch fanden sich extrem hohe Magnetfeldstärken. Direkt am Landeort war ein starker Rückgang der Zahl von Mikroorganismen zu verzeichnen. Der Faktor biologischer Aktivitäten lag zwei Wochen nach der Landung noch rund zehnmal niedriger als in der Umgebung. Aus Bodenabdrücken ermittelte der Werkstofftechniker Yuri Lozotsew, daß das am 27. September 1989 im Park von Woronesch gelandete Objekt eine Masse von etwa elfeinhalb Tonnen gehabt haben muß.
Heute sind Tausende von Fällen bekannt, bei denen UFOs physikalische Spuren hinterlassen haben. Immer wieder werden Beispiele bekannt, bei denen zudem Zeugen ungewöhnliche Auswirkungen dieser Objekte gespürt oder Verletzungen davongetragen haben oder sogar vor den Augen anderer verschwunden sind. Zahllose Fälle sind bestens dokumentiert worden, über andere Vorgänge können wir nur zivile Aussagen hören, während die Details in den Aktenschränken geheimer Institutionen und des Militärs verwahrt werden – nach Jahren STRENG GEHEIM eingestuft. Trotz all der deutlichen Hinweise ist es schwierig, die oft so abwegig wirkenden und sehr facettenreichen Schilderungen als möglicherweise faktisch zu erachten. Keine Frage: Diejenigen, die jene Akten unter Verschluß halten, haben ein relativ leichtes Spiel damit, ihre Interessen zu wahren und UFO-Berichte lächerlich zu machen. Einige der ungewöhnlichsten UFO-Fälle haben sich in den vergangenen Jahren auf der zu den USA gehörenden Insel Puerto Rico zugetragen. Sie scheinen einerseits das US-Cover-up weiter zu

belegen, andererseits verleihen sie auch dem UFO-Phänomen eine neue, bedrohliche Dimension. Und dies gleich in mehrfacher Hinsicht.

Unheimliche Vorgänge in Puerto Rico

Eines der beliebtesten Ferienziele ist nach wie vor die Karibik. Ein strahlender Himmel über kristallklarem, in unterschiedlichsten Blautönen leuchtendem Wasser, helle Sandstrände, Palmen und freundliche Menschen. Was will der Urlauber mehr? Einer dieser karibischen »Paradiesgärten« findet sich auf der Antilleninsel Puerto Rico, dem östlichsten großen Eiland in der Kette der westindischen Inseln. Auf der nur knapp hundertachtzig mal sechzig Kilometer großen Insel, die zwar unabhängig, aber doch eng mit den USA assoziiert ist, gibt es die verschiedensten Landschaften und eine Vielfalt an Sehenswürdigkeiten.
Unweit des riesigen unterirdischen Höhlensystems von Camuy, das die heimischen Taino-Indianer als den Ursprungsort der Menschen ansehen, liegt eine der modernsten astronomischen Beobachtungsstationen unseres Planeten, das gigantische Radioteleskop von Arecibo. Das Instrument ist so groß, daß es selbst nicht mehr bewegt werden kann. Die 304 Meter messende Parabolantenne ist in eine natürlich Talsenke hineingebaut; nur noch der über Stahlseile an drei mächtigen Pfeilern hängende Empfänger kann verstellt werden, um – unterstützt von der Positionsveränderung durch die Erdrotation – einen größeren Himmelsbereich abtasten zu können.
Im Jahr 1974 sandten SETI-Forscher, also Astronomen, die auf die *Suche nach extraterrestrischer Intelligenz* spezialisiert sind, mit Hilfe dieses Riesenteleskops eine Radiobotschaft ins All. Ziel: Der Kugelsternhaufen M 13 im Herku-

les. Dort sind mehrere hunderttausend Sterne in einer kugelförmigen Anordnung vereint, und die Astronomen hoffen, daß dereinst das ausgesandte Signal auf eine intelligente Zivilisation stößt, die auf dem Planeten eines jener unzähligen Sterne beheimatet ist. Nur, M 13 ist unvorstellbar weit entfernt. Das Radiosignal, bekannt als Arecibo-Botschaft, wird erst in rund fünfundzwanzigtausend Jahren dort ankommen. Wenn dann wirklich eine Intelligenz in der Lage ist, die schwachen Funkpulse aufzufangen und sie »sofort« zu beantworten, wird noch einmal dieselbe Zeitspanne verstreichen, bis wir dies erfahren. Das heißt also, wir können erst in rund fünfzigtausend Jahren mit einer Antwort von M 13 rechnen!

Abgesehen von anderen Schwierigkeiten in dieser Angelegenheit, die ganze Geschichte könnte letztlich völlig paradox enden: Wäre es nicht eine Ironie, wenn die so weit ins All hinausgesandte Botschaft vielleicht genau von einem Ort ausging, an dem diejenigen, nach denen die Forscher Ausschau hielten, zu finden sind?

Dieser Gedanke steigt unweigerlich vor dem geistigen Auge auf, spätestens, wenn wir einmal an all die Berichte denken, die in den vergangenen Jahren aus Puerto Rico bekannt wurden. Hier zeigt sich dann die andere, »dunkle« Seite des beliebten Ferienziels, eine unheimliche Seite.

Tatsächlich decken die anomalen Erscheinungen auf Puerto Rico nahezu sämtliche »Teilgebiete« des UFO-Phänomens ab. Und es sind oft sehr gut belegte Fälle, in denen von UFO-Entführungen, Begegnungen mit fremden Wesen und Militärpersonal, von UFO-Verfolgungen und geheimen, unterirdischen Basen die Rede ist.

Mit einem Ereignis am 31. Mai 1987 häuften sich die UFO-Vorfälle auf Puerto Rico. Am frühen Nachmittag, gegen kurz vor zwei Uhr, kam es offenbar zu einer unterirdischen Explosion im westlichen Teil der Insel. In den Städten Cabo Rojo,

Lajas und Mayaguez um die Cartagena-Lagune herum waren deutliche Erschütterungen zu spüren, die Erde bewegte sich kurze Zeit auf und ab, so daß Risse in den Häusern entstanden. Das Epizentrum der Explosion lag wohl direkt unterhalb der Lagune. In der vorherigen Nacht zeigte sich über der Lagune ein roter Ball aus Licht. Das Objekt gab einen summenden Ton von sich und tauchte in die Lagune hinein. In derselben Nacht wachten Anwohner auf, weil sie von einem ungewöhnlichen weißen Licht geweckt wurden, das grell durch ihre Fenster strahlte. Als sie hinausblickten, sahen sie, wiederum über der Lagune, einen großen Diskus schweben, der wenige Minuten kreiste, bis er dann davonflog. Dann, am nächsten Tag, ereignete sich die besagte Explosion, und noch in der Nacht auf den 1. Juni erschien wieder ein riesiges unidentifizierbares Flugobjekt über der Lagune, das von mehrere Zeugen beobachtet wurde. Es sah aus wie eine Hantel aus Licht und Metall. Zwei leuchtende Kugeln waren durch eine Art silbernes Rohr von beachtlicher Größe miteinander verbunden. Bald entfalteten sich um die Lagune herum massive militärische Aktivitäten; Sondereinheiten in Schutzanzügen durchstreiften das Gelände und sperrten es schließlich für die Öffentlichkeit ab – mit der vorgeschobenen Auskunft, dies aus Naturschutzgründen zu tun.

Die Lagune wurde in den kommenden Monaten zu einem »Hot Spot« für UFO-Sichtungen, immer wieder kam es in diesem Gebiet zu ungewöhnlichen Vorfällen. Zeugen, darunter ein höherrangiger Offizier, erklärten, sie seien von nichtmenschlichen Wesen in eine verborgene Anlage unterhalb des Berges El Cayúl entführt worden, einem Höhenzug der zur Lagune direkt benachbarten Sierra Bermeja.

Der auf Puerto Rico ansässige UFO-Forscher Wilson Sosa wurde selbst Zeuge zahlreicher Erscheinungen. Er sah das gigantische hantelförmige Objekt im Juni 1988 genauso wie

II. Wenn Menschen verschwinden

Der puertoricanische UFO-Zeuge Wilson Sosa (rechts) zusammen mit dem Bildanalytiker Jim Dilletoso. Bildquelle: Wilson Sosa

das riesige dreieckförmige UFO, das am 28. Dezember 1988 über der Lagune auftauchte und von zwei US-amerikanischen Kampfjets verfolgt wurde. Über hundert Zeugen beobachteten voller Entsetzen, wie das ungeheuer große Objekt die beiden im Vergleich dazu winzigen Jets »verschluckte« – sie waren einfach weg. Ihre Motoren verstummten, die Flieger tauchten nie wieder auf. Der Vorfall ist wirklich bestens belegt.

Wilson Sosa bestätigte mir in wiederholten Gesprächen, daß sich alles so zugetragen hatte, wie von zahlreichen anderen Zeugen beschrieben. Das Objekt, das die beiden Abfangjäger verschlungen hatte, änderte demzufolge seine Form, flachte sich ab und spaltete sich in zwei Hälften, in eigenständige kleinere Objekte, die in unterschiedliche Richtungen davonflogen. Ich erhielt von unabhängiger Seite auch die Information eines Angehörigen des US-Militärs, der zu jener Zeit auf Puerto Rico stationiert war und erklärte, daß sich das Ereignis tatsächlich abgespielt hatte. Man habe allerdings alles zu vertuschen versucht, so gut es nur ging. Bestätigungen gibt es dennoch von vielerlei Seite. Auch der bekannte puertoricanische UFO-Forscher Jorge Martín ist diesem unglaublichen Fall genau nachgegangen; für ihn steht die Authentizität der Aussagen und Vorgänge gleichfalls nicht in Frage.

Auf Puerto Rico gibt es etliche geheimnisvolle Orte, an denen vermehrt Aktivitäten unbekannter Wesen und Flugobjekte registriert werden.

Interessant ist, daß ausgerechnet diejenigen Gebiete, in denen bevorzugt UFOs gesehen wurden, von US-Behörden vereinnahmt wurden, sowohl die Laguna Cartagena als auch die Sierra Bermeja und der Caribbean National Forest, der sich im Osten der Insel auf knapp zehntausend Hektar Fläche erstreckt. Auch als »El Yunque« bekannt, ist dieses Gebiet der einzige tropische Regenwald der Vereinigten Staaten. Auch hier konzentrieren sich die ungewöhnlichsten Vorfälle. Allein im Jahr 1997 sind siebzehn Menschen für Zeiträume von Stunden oder Tagen in El Yunque verschollen, einige tauchten in sehr seltsamer Verfassung wieder auf, waren völlig verstört und erzählten kaum glaubhafte Geschichten, wenn sie denn überhaupt etwas erzählen wollten.

Am 1. August 1997 tauchte der amerikanische Biologieprofessor Dr. Darby Williams wieder auf, nachdem er zwölf Tage im Dschungel verschwunden gewesen war. Der Professor von der Universität Ohio studierte Flora und Fauna der Insel, im Rahmen eines Multimediaprojektes. Als er gefunden wurde, war er nicht in der Lage zu erklären, was er erlebt und wie er sich überhaupt verlaufen hatte. Eine Suchmannschaft hatte das Gebiet in einem Umkreis von zehn Meilen durchkämmt, ohne eine Spur des Wissenschaftlers zu finden, der später erklärte, er habe sich in Höhlen aufgehalten. Niemand, nicht einmal die besten Kenner von El Yunque, wußten etwas von solchen Höhlen. Äußerst merkwürdig war auch der Umstand, daß Darby Williams einen frischen Sonnenbrand aufwies, obwohl die Bedingungen im Wald überhaupt nicht danach sind, selbst wenn die Sonne scheint. Denn das Dickicht ist so ausgeprägt, daß kaum ein Sonnenstrahl den Boden erreicht. Obwohl Williams beinahe zwei Wochen im Dschungel verbracht hatte und sich nur von Bananen und Schnecken (trotz seiner normalerweise vegetarischen Einstellung) ernähren konnte, wirkte er nicht müde, allerdings sah er unruhig aus und wollte offenbar keine Auskunft über seine Erlebnisse geben.

Das FBI hatte sich eingeschaltet, um herauszufinden, wo genau Dr. Williams sich in El Yunque aufgehalten hatte. Der Wissenschaftler war mit seiner Videokamera unterwegs gewesen, und die US-Bundespolizei interessierte sich sehr rege für das gefilmte Material. Die FBI-Agenten wichen im übrigen in den ersten Tagen seit Darbys Wiederkehr nicht von seiner Seite. Man wollte jedes Detail erfahren und wissen, ob er »irgend etwas Ungewöhnliches« gesehen hatte. Wo die Kamera und das Filmmaterial sich heute befinden, ist unbekannt. Williams erzählte wie gesagt kaum etwas über die Tage im Urwald. Er erklärte lediglich, er habe Flugzeuge und Hubschrauber über dem Gebiet wahrgenommen, obwohl solche Überflüge verboten sind. Sonst hielt er sich sehr bedeckt und meinte, er habe alles gesagt. Sein Wagen wurde auf der in nordsüdlicher Richtung mitten durch El Yunque hindurchführenden Straße Nummer 191 gefunden, nahe der Kilometermarke 8,2 auf einem Parkplatz bei den La-Coca-Wasserfällen, die zu den größten des Waldes zählen. Von da an verliert sich seine Spur.

Allein für sich betrachtet, scheint der Fall des Dr. Williams nicht allzu spektakulär und legt auch nicht unbedingt gleich einen Zusammenhang mit UFOs nahe. Doch ist sein Verschwinden in El Yunque kein Einzelfall. Und viele andere Ereignisse, die sich unter den Blätterdächern der mächtigen Bäume dort abspielen, scheinen jenseits des üblichen zu liegen. Die merkwürdigen Umstände in der Verfassung von Dr. Williams könnten in eine entsprechende Richtung deuten; vielleicht waren es Strahlungen im Rahmen eines militärischen Experimentes, denen der Forscher ausgesetzt war und die zu dem unerwarteten »Sonnenbrand« führten, vielleicht war es auch etwas gänzlich anderes.

In einer von Jorge Martín unterstützten Fernsehdokumentation über El Yunque berichteten zwei Militärpiloten über ihre Begegnungen mit UFOs, die entweder aus dem Luftraum über dem Regenwald angeflogen kamen oder in dieser Richtung verschwanden. Andere Zeugen kamen zu Wort, die die Region durchwandert hatten. Sie berichteten von unwirklichen humanoiden Wesen und »Bällen aus Licht«, die in intelligenter Weise agierten und reagierten. Notorisch halten sich auch die Gerüchte über eine geheime US-amerikanische Anlage in El Yunque, die im Zusammenhang mit den außerirdischen Aktivitäten stehen soll. Dies behauptet auch Cheryl Powell aus New Hampshire/USA, eine Mitarbeiterin der UFO-Organisation MUFON. Wie sie erzählt, sei sie auf einer Recherchentour in Puerto Ricos El-Yunque-Dschungel unterwegs gewesen, als sie plötzlich gegen eine »unsichtbare Mauer« gestoßen und zutiefst erschrocken sei. Einheimische, in deren Begleitung sie sich befand, wußten offenbar von dieser Barriere und blieben etwas zurück, ohne sie zu warnen. Dann erklärten sie ihr, sie müsse sehr langsam gehen, nur so könne sie hindurch. Cheryl erklärte, daß sich auf dem Bergrücken, den sie entlanggelaufen sei, eine geheime US-Basis befinde. Das Militär habe das Sperrgebiet zwischenzeitlich allerdings erweitert, so daß man nun gar nichts mehr sehen könne.

Nun, UFO-verwandte Phänomene gibt es schon lange auf

Puerto Rico, nicht erst seit der mysteriösen Explosion in der Cartagena-Lagune. So waren Anfang der siebziger Jahre durchaus schon Berichte über derartige Erscheinungen bekannt, auch, was nun speziell El Yunque angeht. Am 20. Oktober 1974 machte sich eine Gruppe von Interessenten auf den Weg, um eine Nacht in jenem unheimlichen Regenwald zu verbringen. Der UFO-Forscher Scott Corrales berichtet: »Sie schlugen ihr Lager hoch oben auf einem Bergpfad auf, um sich auf eine Nacht vorzubereiten, die sich als die längste in ihrem ganzen Leben herausstellen sollte. Mr. Heriberto Ramos, der offizielle Leiter der Gruppe, bemerkte, daß sie an einer Stelle während ihres Aufstieges entlang des Pfades drei Männer trafen, die bergab liefen. An ihnen war nichts »Fremdes«, abgesehen von der Tatsache, daß sie alle exakt gleich gekleidet waren... Eines der Mitglieder der Gruppe, das etwas weiter hinten geblieben war, machte ein Foto von den anderen und jenen drei mysteriösen Wanderern, doch auf dem entwickelten Film zeigte sich nur ein verwaschener Fleck an der Stelle, an der die drei gestanden hatten.« In dieser Nacht sollte die Gruppe um Ramos einige erschreckende Erlebnisse haben. So bemerkten die Camper plötzlich, lange nachdem sie ihr Lager aufgeschlagen hatten, daß sie beobachtet wurden. Etwa fünf bis sechs humanoide Wesen mit großen Augen und nach unten spitz zulaufenden Köpfen bewegten sich durch das dichte Pflanzengewirr des Urwalds. Wie Corrales erklärt, kam es sogar zu einer engen Begegnung zwischen Ramos und einem der Wesen, bei dem er kurz dessen Haut betastete, die sich weder kalt noch schlüpfrig angefühlt habe. Als einer der Expeditionsteilnehmer vor Panik wild mit einer Taschenlampe herumzufuchteln begann, entfernten sich die Wesen dem Bericht zufolge wieder, doch beobachteten und »belagerten« sie die Gruppe weiter. Ähnliche Erlebnisse hatte 1974 eine andere Gruppe von UFO-Forschern, die ebenfalls in El

Yunque übernachtete. Gegen zwei Uhr morgens konnten sie dann angeblich ein riesiges, diskusförmiges Objekt beobachten, das über einer Talsohle schwebte. Auch nur die interessantesten Schilderungen über UFO-Sichtungen sowie unerklärliche Vorgänge auf Puerto Rico zu erwähnen und sie auch durch mehr Hintergrundmaterial zu belegen würde ein eigenes Buch füllen. Doch vielleicht konnte dieses Kapitel wenigstens einen kleinen Eindruck in die verwirrende Vielfalt der Phänomene auf dieser Karibikinsel geben.

Immer wieder spielt auch jene Sierra Bermeja nahe der Cartagena-Lagune eine Rolle, wenn es um UFO-Aktivitäten auf Puerto Rico geht. Nicht nur einmal fanden dort Militärbewegungen statt, nachdem unidentifizierte Objekte beobachtet wurden. Noch in der Zeit, als dieses Gelände nicht an die US-Regierung verpachtet war, versuchten Militärangehörige bereits, unliebsame und neugierige Besucher zu vertreiben und einzuschüchtern. Jorge Martín hat über mehrere Fälle dieser Art geschrieben. Er berichtet auch von einem Mann namens Rodríguez aus dem Ort La Parguera, der behauptete, zusammen mit einem Freund in der betreffenden Region einen verborgenen Stützpunkt ausgemacht zu haben, eine geheime Anlage, die von fremden Wesen und Militärpersonal gemeinsam betrieben würde. Martín erklärt, man habe Rodríguez nur wenige Tage später tot aufgefunden, erhängt. Wie es hieß, habe er sich selbst das Leben genommen. Sein Bruder erklärte allerdings laut Martín, daß dafür überhaupt nicht der geringste Grund bestanden habe; von Depressionen könne nicht die Rede gewesen sein, es habe nichts gegeben, was einen Selbstmord rechtfertigen würde. Von ähnlichen mysteriösen Todesfällen, wie sie im Zusammenhang mit UFO-Fällen in auffallender Häufigkeit vorkommen, werden wir gleich noch hören, von Morden, die als Suizid kaschiert werden, von merkwürdigen Unfällen und anderen sehr ungewöhnlichen Ereignissen.

Teil III: Ausweg Mord? – Mysteriöse Todesfälle und die UFO-Connection

Das mysteriöse Ende von James V. Forrestal

Wer der US-Hauptstadt Washington, D.C., einen Besuch abstattet, wird wohl auch einen Abstecher zum Pentagon unternehmen, dem Hauptquartier des Verteidigungsministeriums der Vereinigten Staaten. Das wirklich gigantische Gebäude besteht aus fünf Flügeln, die zusammen die Form eines Fünfecks bilden, wovon sich selbstverständlich auch der Name des monströsen Bauwerks ableitet. Allein der Innenhof umfaßt eine Fläche von zwei Hektar. Das Gebäude mit seinen insgesamt nahezu achttausend Fenstern nimmt täglich rund 23 000 Personen auf, Militärpersonal wie auch zivile Mitarbeiter.

An einem der fünf Haupteingänge des Pentagon findet sich die bronzene Büste von James V. Forrestal, der im Juli 1947 zum ersten Verteidigungsminister der Vereinigten Staaten wurde. Seine Karriere verlief glänzend, wenn auch nicht immer reibungslos. Im Februar 1892 in New York geboren, studierte er unter anderem an der renommierten Princeton University. Danach arbeitete er bis zum Ausbruch des Ersten Weltkrieges als Unternehmer und trat in das New Yorker Bankgeschäft ein. Im Krieg ging er zur Marine, kehrte aber 1919 wieder zu seinen Geschäften zurück. Erst 1940 übernahm er einen Posten als Berater von Präsident Franklin D. Roosevelt, wurde im Mai 1944 Marineminister und dann schließlich Verteidigungsminister.

Forrestal hatte dieses Amt allerdings nicht lange inne. Aus bis heute nicht geklärten Gründen erlitt der Minister im März 1949 einen totalen psychischen Zusammenbruch, der ihn unfähig machte, seine Aufgaben weiter auszuführen.

III. Mysteriöse Todesfälle und die UFO-Connection

Am 12. November 1966 fotografierten Astronauten von Bord der Raumkapsel Gemini 12 ein helles unidentifiziertes Flugobjekt, bei dem es sich laut NASA-Aussagen angeblich um Abfall der Geminikapsel gehandelt haben soll. Andere Experten, die das Bild analysiert haben, erklären allerdings, daß sich das Objekt in großer Entfernung vom Raumschiff aufgehalten haben soll und auch selbst entsprechend groß gewesen sein muß. Die Situation ist ähnlich wie im Falle von später gewonnenen Space-Shuttle-Aufnahmen, bei denen ebenfalls unerklärliche Objekte fotografiert oder gefilmt wurden.

Nur zwei Monate später nahm sich Forrestal das Leben, unter ebenfalls nicht geklärten und zum Teil einige Zweifel erweckenden Umständen – Zweifel bezüglich der Frage, ob dieser Tod wirklich ein Selbstmord war.
Doch was hat das alles mit UFOs zu tun?
Tatsächlich stellte viele Jahre lang niemand irgendeinen Zusammenhang zwischen beidem her, dem Tod des ersten US-Verteidigungsministers einerseits und dem UFO-Phänomen andererseits. Seit dem Jahr 1984 allerdings hat sich die Perspektive verändert, auch wenn die Sicht auf die eigentli-

chen Fakten nach wie vor getrübt ist. In jenem Jahr nämlich gelangte ein Kleinbildfilm an die Öffentlichkeit, auf dessen Negativen ein merkwürdiges Dokument aus dem Jahr 1952 abgelichtet war. Es war als »TOP SECRET / MAJIC – EYES ONLY« ausgewiesen – »STRENG GEHEIM / MAJIC – NUR ZUR EINSICHTNAHME« und an den designierten Präsidenten Eisenhower gerichtet, im Sinne eines kurzen Informationspapiers. Der Inhalt: nichts anderes als die Beschreibung der Vorgänge von Roswell in Kürze, über den Absturz eines außerirdischen Kurzstrecken-Raumfahrzeuges und die Bergung durch das Militär. Es ging auch um die Einrichtung einer speziellen Geheimgruppe, die jene sensible Problematik in all ihren Aspekten zu behandeln und dem Präsidenten Bericht zu erstatten hatte. Dieses geheime Spitzengremium wurde als »MJ-12« / »Majestic-12« bezeichnet, die aufgelisteten Personen bekleideten höchstrangige Ämter in Militär und Regierung. Zur Zeit, als die Negative auftauchten, lebte keines der unter MJ-12 aufgelisteten Mitglieder mehr. Das letzte von ihnen, Jerome Hunsaker, war drei Monate zuvor hochbetagt verstorben.

Niemand vermochte die Dokumente letztlich zu bestätigen noch zu dementieren. Natürlich wurden sie von offizieller Seite als Schwindel eingestuft, und heute sind die meisten UFO-Forscher ebenfalls dieser Meinung. Trotzdem ist dies bis dato nicht erwiesen. Immerhin enthalten diese umstrittenen Unterlagen, denen keine definitiven Fehler nachgewiesen werden konnten (weder inhaltlich noch formal), einige Informationen, wie sie nur Insider kennen konnten. Diese Informationen, zum Beispiel über Zeitpunkte und Orte geheimer Treffen von hochrangigen Personen, konnten von beharrlichen Forschern wie Stanton Friedman über Jahre hinweg nach mühseligsten Archivrecherchen verifiziert werden. Somit hat es den Anschein, daß selbst, wenn diese Dokumente gefälscht sein sollten, immerhin die Inhalte zutreffen könnten.

Nun, in der Liste der Mitglieder von MJ-12 befindet sich auch James V. Forrestal. Er wird als MJ-3 aufgeführt. Dem Dokument zufolge wurde die durch seinen Tod entstandene Lücke am 1. August 1950 von General Walter Bedell Smith gefüllt.

Forrestal war kurz nach dem Roswell-Absturz in sein Amt als Verteidigungsminister eingetreten. Konnte es sein, daß ihn das nun im Rahmen seiner Position und seiner Beteiligung bei MJ-12 anvertraute Wissen psychisch überlastete? Natürlich gab es in Forrestals Leben genug andere Probleme, die ihm schwer zu schaffen gemacht haben müssen. Und dies nicht nur auf der politisch-militärischen Ebene; seine Frau Josephine Ogden hatte einen problematischen Charakter und war dem Alkohol verfallen. Forrestal selbst trug sich ständig mit Gewissensbissen, da er aus der katholischen Kirche ausgetreten war. So dürfte es gewiß nicht nur eine Ursache gewesen sein, die zu seinem finalen Zusammenbruch führte. Doch muß es noch weitere Hintergründe gegeben haben, die seinen Tod bedingten.

Offenbar bestand ein massiver Druck, Forrestal aus dem Pentagon zu drängen. Begründete Gerüchte sprechen davon, daß er Geheimnisse der nationalen Sicherheit an die falschen Leute weitergeben könnte, was man natürlich tunlichst zu verhindern hatte. Am Ende wurde es auch für Präsident Truman schwer, etwas anderes zu tun, als Forrestal zum Rücktritt aufzufordern und Louis Johnson als Nachfolger einzusetzen, der ihm im Wahlkampf zur wesentlichsten finanziellen Stütze geworden war.

Der Autor Dennis Stacy hat sich ausführlich mit dem Tod Forrestals befaßt und macht auf einen Zwischenfall aufmerksam, der möglicherweise der Schlüssel und Auslöser für die Tragödie am Ende von Forrestals bewegtem Leben gewesen sein konnte: Auf dem Weg zum Pentagon wurde Forrestal von dem damaligen Luftwaffenminister Stuart

Symington begrüßt, der ihm erklärte, es gebe etwas, über das er mit Forrestal sprechen müsse. Sie fuhren beide in einer Limousine davon, in einer zweiten folgte Forrestals Mitarbeiter M. Leva. Während Symington später erklärte, daß diese Fahrt nie stattgefunden habe, bezeugte Leva das Gegenteil. Der Minister der Air Force muß eine für Forrestal katastrophale Äußerung abgegeben haben, denn Leva fand ihn kurze Zeit später wie versteinert in seinem Büro sitzend vor. Forrestal hatte den Hut auf und starrte völlig abwesend an die Wand. In der kommenden Zeit begann er mehr und mehr, sich ständig verfolgt und beobachtet zu fühlen. Immer wieder erklärte er Freunden, man sei hinter ihm her. Er verbarrikadierte sich in seinem Haus und beobachtete seine Umgebung argwöhnisch.

Nun schien klar, daß Forrestal, sofern er nicht ohnehin bereits am Ende war, so doch in eine erschreckende Krise geglitten war, ohne Zweifel die schwerste seines Lebens. So wurde er schließlich in das Marinekrankenhaus von Bethesda in Maryland gebracht, eine Entscheidung, die auch dem Zweck galt, die eigentliche Natur von Forrestals Leiden besser vor der Öffentlichkeit verbergen zu können. Doch obwohl psychisch labile Personen, die möglicherweise sogar Selbstmordabsichten hegen mochten, normalerweise im Parterre der Klinik untergebracht wurden, wies man Forrestal die Turmsuite des Gebäudes zu.

Vielleicht ist es nur ein Zufall, dennoch aber immerhin erwähnenswert, daß ausgerechnet in dem Jahr, in dem auch die MJ-12-Papiere an die Öffentlichkeit gelangten (nämlich genau dem Jahr, als das letzte MJ-Mitglied starb), ein damals in Bethesda beschäftigter Arzt namens Dr. Robert P. Nenno eine interessante Aussage machte. Wie er bereits seinerzeit erfahren hatte, wurde dem offiziell für Forrestals Behandlung verantwortlichen Arzt Captain George N. Raines »von den Leuten aus der Stadt« (gemeint ist Washington) die Weisung gegeben, den Minister im Turm unterzubringen, im sechzehnten Stockwerk.

Auch hier glaubte Forrestal sich ständig verfolgt. Da er annahm, daß Abhörgeräte in seinem Zimmer installiert waren, bat er den befreundeten Konteradmiral Sydney William Souers zu sich, um mit entsprechenden Instrumenten danach zu suchen. Auch Souers ist übrigens in der Liste von Majestic aufgeführt, als MJ-8.

Einen Monat, nachdem Forrestal in das Krankenhaus eingeliefert worden war, entschied man, die um ihn getroffenen, tatsächlich sehr strengen Schutzmaßnahmen zu lockern. Laut Dr. Raines war dies irgendwann einfach nötig, um überhaupt eine Heilung zu ermöglichen. Doch genau zu jener Zeit verließ Raines die Klinik, um für eine Woche Urlaub zu machen. Ausnahmsweise war für die Wache jener Nacht, in der sich der Minister das Leben nehmen sollte, auch ein neuer, mit der Gesamtsituation nicht vertrauter Ersatzmann auf Forrestals Station eingesetzt – alles doch recht merkwürdige Zufälle.

Am frühen Sonntagmorgen des 23. Mai muß es dann geschehen sein, auf die eine oder andere Weise. Der offiziellen Version nach ging Forrestal in die Teeküche, deren Fenster ungesichert war. Er nahm dann den Gürtel des Hausmantels, band das eine Ende um seinen Hals und befestigte das andere Ende an der Heizung. Forrestal sprang aus dem Fenster und stürzte, da der Gürtel riß, in die Tiefe. Natürlich ist es naheliegend, daß jemand mit Selbstmordabsichten aus dem Fenster springt, wenn er ohnehin in einem Turm lebt. Vielleicht wollte man ihm durch die Wahl seines Unterbringungsortes die Entscheidung erleichtern. Wahrscheinlich mußte man aber nachhelfen. Forrestal hatte Dr. Raines gegenüber nämlich sogar erklärt: »Ich könnte niemals aus einem Fenster springen« – denn Forrestal litt zeitlebens unter Höhenangst.

Todesserien

Mord – ein Begriff, der höchst ambivalente Gefühle auszulösen vermag: Spannung und »heimeliges« Gruseln zum Beispiel bei der Lektüre eines Romans; Entsetzen, Machtlosigkeit und Schock bei den Zeugen im realen Leben. Und auch die Morde selbst können aus den unterschiedlichsten Motivationen heraus geschehen, ob nun aus Liebe oder Haß oder Gewinnsucht oder politischen Interessen oder Wahngedanken oder schierem Ausleben von Brutalität oder welch anderen Gründen.

Immer wieder gibt es Motive, die zumindest dem Täter genug Rechtfertigung, ja geradezu zwangsläufige Notwendigkeit sind, nicht nur einem, sondern eventuell sogar einer ganzen Reihe von Menschen das Leben mit Gewalt zu nehmen. Selbst von diesen extremen Beispielen hören wir ständig. Abgesehen von Nationen, in denen Kriegszustand herrscht, liefern die Weltnachrichten immer wieder genügend Beispiele für blutige Terrorakte, Massenmorde totalitärer Regime oder Untaten abnormer Individuen im Sinne von »Jack the Ripper« und Nachfolgern.

In den meisten dieser Fälle sind allerdings die Morde deutlich als solche zu erkennen, und auch die dahinterstehende Motivation wird in der Regel offenbar. Schwierig wird es mit einer subtileren Variante, bei der alle Umstände beispielsweise auf Unfall oder auf Selbsttötung hinzuweisen scheinen.

Bei Fällen wie dem von James Forrestal deutet die Sachlage bei genauerer Analyse auf Mord hin, während die offiziellen Akten von Suizid sprechen.

Mordserien geben dem Kriminalisten in der Regel die Chance, gemeinsame Charakteristika im Umfeld und an den Opfern zu bemerken, auf ein Täterprofil und die Hintergründe zu schließen. Nur, wenn die Opfer getötet werden, da sie über bestimmte geheime Informationen verfügen und die Morde außerdem auch noch in professioneller Weise ausgeführt bzw. getarnt werden, wenn am Ende sogar Geheimdienste und andere Regierungsinstitutionen die »Ausführenden« bzw. Auftraggeber sind, dann wird es wahrhaft verzwickt bis unmöglich, überhaupt an die Wurzeln des Verbrechens heranzukommen.

So sind etliche, offenbar völlig für sich allein stehende unnatürliche Tode auf einer tiefen Ebene miteinander verknüpft und werden dort als Morde erkennbar. Dort, im absolut Dunklen, liegen auch die Motive, gut abgeschlossen von der Oberfläche namens »Öffentlichkeit«. Gelegentlich scheint zum Zweck der Geheimhaltung, der Vertuschung und Vernebelung jedoch eine relativ große Zahl an Morden erforderlich zu werden, und dies innerhalb eines recht kurzen Zeitraums und in ähnlichem Umfeld. Und genau in solchen Situationen tritt der Umstand ein, daß zwar der definitive Beweis fehlt, die Indizienlage aber trotzdem einen Blick auf die wahren Hintergründe zuläßt.

Ein gutes Beispiel für eine mysteriöse Todesserie dieser Art ist die ungewöhnlich hohe Sterberate von Wissenschaftlern, die in Projekte des »Star-Wars-Programmes« (SDI, Strategic Defense Initiative) verwickelt waren.

Noch kann niemand sagen, warum letztlich diese Forscher sterben mußten, doch die auffallend große Zahl der Opfer, die oft sehr ungewöhnliche Todesart sowie natürlich die gleichartige Natur der einstigen Beschäftigung der Betroffenen legen offenbar nur eine logische Schlußfolgerung nahe: Mord und Vertuschung.

Interessant ist allerdings zu wissen, daß Präsident Ronald Reagan mehrfach öffentlich die Frage angesprochen hat, welche Bedeutung es hätte, wenn wir alle in der Welt realisieren würden, daß es eine außerirdische Macht gibt. Und er hat auch festgestellt, daß er die geheimen Technologien von

III. Mysteriöse Todesfälle und die UFO-Connection

Weltweit wurden teils unvorstellbar große und bestens ausgestattete Untergrundanlagen errichtet. Einige davon, z. B. auf Puerto Rico, gelten als geheime Basen für militärische und außerirdische Aktivitäten. Über die Fähigkeiten des Militärs, solche Anlagen zu schaffen, kann sich jeder selbst überzeugen, der etwa einmal die alten Installationen der Maginotlinie besucht, wie zum Beispiel Simserhof, das zwischen den Weltkriegen errichtet wurde. Aufnahme: Andreas v. Rétyi

Star Wars/SDI mit Rußland teilen würde, wenn es darum ginge, sie gegen einen potentiellen Gegner von »außen« einzusetzen. Wir wollen dieser Bemerkung keine Beweiskraft abverlangen und ihr auch überhaupt nicht allzuviel Gewicht beimessen. Andererseits erhält sie seit den Aufnahmen des Space Shuttle Discovery, Flug STS 48 am 15. September 1991 eine neue Dimension, die durch wiederholte Zwischenfälle dieser Art (wie zum Beispiel bei Flug STS 80) erweitert wurde.

Während STS 48 die Erde umrundete, filmte es glühende Objekte, die sich schnell bewegten. Eines flog zunächst mit konstanter Geschwindigkeit und Richtung, dann machte es

plötzlich eine Kehrtwende um hundertzwanzig Grad und beschleunigte. Unmittelbar darauf schossen zwei schwächere Lichter vorbei, genau durch den Punkt hindurch, an dem sich gerade noch das unbekannte Objekt befunden hatte. Die NASA erklärte, diese Körper seien kleine Eisbrocken, die sich vom Shuttle gelöst hätten, doch der Astrophysiker Professor Jack Kasher von der Universität Nebraska ist anderer Meinung. Er hat das Videoband genau analysiert und kommt zu dem Schluß:
Die Körper besitzen Eigenschaften, wie sie sich nur abbilden, wenn die Entfernung groß ist. Entsprechend groß müssen auch die Objekte und ihre Geschwindigkeit gewesen sein. Allein schon die enorm abrupte Richtungsänderung des hellen Objektes sei durch Eispartikel nicht zu erklären. Kashers Szenario: Hier wurden Geschosse auf ein unidentifiziertes Zielobjekt abgefeuert.
Star Wars gegen UFOs?
Erfuhren also beteiligte Wissenschaftler etwas von derartigen Plänen und mußten daher sterben? Natürlich ist das eine wohl weit aus den Tiefen des Alls herbeigeholte Spekulation; Tatsache ist aber, daß sehr viele Forscher starben, die in SDI verwickelt waren.
Der amerikanische Wissenschaftler Professor G. Cope Schellhorn mirakelt ebenfalls: »Es ist auch möglich, daß Wissenschaftler zuviel herausfanden und damit nicht umgehen konnten, daß sie mit bestimmten Erwartungen zur Arbeit gingen und dort Dinge sahen, die sie nie sehen wollten und auf diese Weise zu Schlußfolgerungen kamen, zu denen sie sonst nie gekommen wären. Es scheint mir kaum wahrscheinlich, daß unsere Geheimdienste Wissenschaftler in großer Zahl töten, doch eine Möglichkeit ist das.«
Zwischen 1982 und 1988 fanden mehr als dreißig Wissenschaftler des mit SDI-Projekten befaßten High-Tech-Konzerns Marconi Ltd. den Tod. Im März 1982 kam z. B. der

Computerexperte Keith Barden bei einem Autounfall ums Leben, im März 1985 verübte der mit Verteidigungssystemen befaßte Ingenieur Roger Hill angeblich Selbstmord mit seinem Gewehr – welch eine Ironie! Im November 1985 stürzt sich ein anderer Marconi-Computerexperte aus dem Fenster seines Hotelzimmers, wieder ein anderer sprang im August 1986 von einer Brücke im englischen Bristol.

Bombenexplosionen, Selbststrangulation, Herzattacken und Kohlenmonoxidvergiftungen sind »beliebte« Todesarten. Professor Schellhorn hat sich intensiv mit den »SDI-Morden« und vergleichbaren Toden aus dem UFO-Feld befaßt. Wie er erklärt, verfügen die Geheimdienste seit geraumer Zeit über eine Chemikalie, die Wirkungen wie bei einer Kohlenmonoxid-Vergiftung zeitigt. So kann jemand sehr zeitsparend, und ohne zusätzliche Spuren zu hinterlassen, außer Gefecht gesetzt werden, um anschließend geeignet in einem Fahrzeug plaziert zu werden. Schellhorn glaubt auch, daß unter anderem Herzattacken und Krebserkrankungen in einigen Fällen künstlich erzeugt wurden, um unbequeme Personen unauffällig zu beseitigen.

Nun, auf den ersten Blick mag das zu sehr nach einem unsinnigen James-Bond-Streifen klingen – wie reinste, tiefste Verschwörungstheorie, so unhaltbar wie abgründig. Doch in der Tat arbeiten Forscher in Geheimdiensten und hochgesicherten Laboratorien an Substanzen, die tödliche Krankheiten erzeugen, ohne daß diese Substanzen als Verursacher erkennbar werden.

Im Sommer 1997 wurde beispielsweise bekannt, daß die Roodeplaats-Forschungslaboratorien im südafrikanischen Pretoria spezielle Gifte entwickelt haben, die typische Herzattacken oder Krebs auslösen können.

Ein solches Gift wurde auf Kleidungsstücke des Anti-Apartheid-Führers Frank Chikane aufgetragen, um über die Haut in den Körper und schließlich in den Blutstrom des Opfers einzudringen. Chikane konnte allerdings noch von US-Medizinern gerettet werden.

Wie gesagt, unter den SDI-Wissenschaftlern waren unerwartete Herzattacken u. ä. häufige Todesursachen. Doch neben Kohlenmonoxid-Vergiftungen und Autounfällen gab es auch Varianten wie: Drogenüberdosis, Selbsterschießung oder Tod durch Ersticken, wie bei dem ebenfalls mit SDI befaßten Briten Mark Wisener, einem Computerexperten der Royal Air Force, der im April 1987 mit einer über den Kopf gestülpten Plastiktüte tot aufgefunden wurde. Mit zu den merkwürdigsten vermeintlichen Selbstmorden zählt der Tod von Richard Greenlaw, der ebenfalls für die Verteidigungsindustrie tätig war und von einer Brücke gesprungen sein soll, nachdem er sich zunächst die Brust aufgeschnitten hatte. Ein anderer band ein Seil an der Garage fest, wand sich das andere Ende um den Hals, setzte sich ins Auto und fuhr los. Im August 1988 wurden zwei Forscher tot aufgefunden. Bei jedem steckten elektrische Kabel im Mund.

Die Liste ist noch lang.

Ähnlich wie im Fall »SDI« scheint es auch im Fall »UFO« zu gehen. Denn auch unter Personen, die sich in der einen oder anderen Weise intensiv mit UFOs beschäftigen, gibt es zahlreiche seltsame Todesfälle, die dem Muster anderer Todesserien entsprechen: mysteriöse Auto-Unfälle, Krankheiten und Selbstmorde. Manchmal sollen UFO-Forscher auch ganz offenbar so lange mit Desinformation gefüttert werden, bis sie den Verstand verlieren.

Belegt ist beispielsweise der Fall des Dr. Bennewitz, eines bedeutenden Ingenieurs aus New Mexico, der glaubte, eine geheime UFO-Basis im Norden des Landes entdeckt zu haben. Sein Freund, der schon erwähnte William Moore, wurde vom US-Geheimdienst angesprochen, er solle Bennewitz ständig fehlinformieren. Moore hoffte, auf diesem wahrlich verbrecherischen Weg selbst an wertvolle UFO-

Informationen heranzukommen und machte das hinterlistige Spiel mit. Bennewitz war schließlich so weit, daß er sich überall von Außerirdischen verfolgt wähnte und sich in seinem Haus mit Waffen verbarrikadierte.

In einigen Fällen ist es aber alles andere als einfach, herauszufinden, was Fakt und was Fiktion ist.

So auch bei Phil Schneider, einem Sprengstoffexperten und undurchsichtigen Informanten, der ungeheuerliche Behauptungen in die Welt gesetzt hat, bis er schließlich im Januar 1996 unter mysteriösen Umständen tot aufgefunden wurde. Schneider hatte erklärt, am Bau von Untergrundbasen mitgewirkt zu haben, die für außerirdische Wesen eingerichtet worden seien. Während eines Gefechts in der Basis von Dulce, New Mexico, übrigens genau jener geheimen Installation, von der auch Bennewitz sprach, habe Kobaltstrahlung eine Krebserkrankung bei ihm ausgelöst. Außerdem habe er Multiple Sklerose und darüber hinaus auch deshalb nicht lange zu leben, da er ein Risikofaktor der Geheimhaltung sei. Bereits dreizehnmal seien Anschläge auf sein Leben verübt worden.

Verständlicherweise hält Schellhorn unter anderem diese Äußerung für merkwürdig. Warum mißlangen so viele Anschläge? Welche Stümper müßten das sein, denen es nicht gelingen wollte, Schneider zu beseitigen?! Selbst wenn man ihn anfangs nur einschüchtern und nicht wirklich töten wollte: Wenn Schneider so lästig war, wie er es der Zahl der behaupteten Anschläge nach hätte sein müssen, dann wäre es sicherlich schon deutlich früher zum Mord an ihm gekommen.

Offenbar am 11. Januar 1996 war es dann soweit. Der genaue Todestag ist nicht bekannt, jedenfalls wurde er erst am 17. Januar in entsprechendem Zustand aufgefunden. Sein Freund Al Bielek erzählte, um seinen Hals sei ein Katheter gewunden gewesen.

III. Mysteriöse Todesfälle und die UFO-Connection

Schneider hatte im Verlauf der Jahre viele wirklich sehr weitgehende Behauptungen aufgestellt. Er erklärte, auf Area 51 beschäftigt gewesen zu sein und wisse, daß die Welt nicht von einer Demokratie, sondern einer *Technokratie* regiert werde. Unter anderem die Technologie der Tarnkappenbomber käme von den Außerirdischen; bereits 1954 habe die US-Regierung mit den grauen Außerirdischen ein Bündnis eingegangen, genannt der »Grenada-Vertrag«. Innerhalb von zweiundzwanzig Jahren seien elf seiner besten Freunde umgebracht worden, weil sie zuviel über UFOs gewußt hätten; diese Morde erklärte man als Selbstmorde. Die Amerikaner verfügen laut Schneider über die Möglichkeit, Erdbeben künstlich zu erzeugen und sie zur Kriegsführung einzusetzen. Etwas ähnliches wurde mir immerhin bereits aus einer ehemaligen KGB-Quelle zugetragen. Und auch Schellhorn erhielt Bestätigungen für Schneiders Aussagen. Ein Mann aus Geheimdienstkreisen habe ihm bestätigt, daß Schneider die Wahrheit berichtet habe, was freilich sehr schwer zu glauben ist. Seine Frau jedenfalls erklärte, FBI und CIA hätten rund ein Drittel aller privaten Fotos Schneiders mitgenommen. Selbst wenn nur ein Prozent von Schneiders Aussagen authentisch wäre, müßten wir schon von weitreichenden Konsequenzen reden.

Schellhorn resümiert: »Wir haben es zu tun mit einem Spinnennetz von miteinander verwobenen Bedrohungen. Eine Bedrohung stammt her von den Aktivitäten der US-Nachrichtendienste. Eine andere Bedrohung ist die mögliche ET-Involvierung. Eine dritte Bedrohung ist die Involvierung von PSI-Tech-Think-Tanks und privater PSI-Praktizierender einschließlich negativer Okkultisten. Eine vierte Bedrohung sind hochreaktionistische religiöse Kulte. Es ist mehr als wahrscheinlich, daß eine oder mehrere oder alle der genannten Institutionen gänzlich oder teilweise verantwortlich sind für viele der Todesfälle und Fälle von Bedrohungen...«

Schellhorn berichtet von einem Freund Schneiders, der früher für den Luftwaffengeheimdienst tätig war und sich intensiv mit UFOs und Außerirdischen befaßte. Dieser Mann hatte sich das Leben angeblich selbst genommen, durch einen Mundschuß. Der Mann hatte einen Abschiedsbrief geschrieben. Dieser Brief war allerdings laut Schellhorn mit der linken Hand geschrieben, obwohl der Geheimdienstler Rechtshänder war. Laut Professor Schellhorn kam es am 9. Juni 1984 gleichfalls zu einem schockierenden Vorfall, während einer Konferenz der »Gesellschaft für wissenschaftliche Erkundungen« (»Society for Scientific Exploration«, SSE). Ein Mitarbeiter der MUFON, R. Johnson, hielt vor der versammelten Gesellschaft einen Dia-Vortrag. Unvermittelt ging das Licht im Saal aus, irgend jemand hörte ein merkwürdiges Geräusch, eine Art Schlucken oder Gurgeln. Als das Licht wieder anging, sah das entsetzte Auditorium den Redner tot auf seinem Stuhl sitzen, mit cyanotisch-blauem Gesicht. Aus seiner Nase lief Blut. Neben ihm lag die leere Pepsi-Dose, aus der er gerade noch getrunken hatte. Offenbar war Johnson viel tiefer mit der UFO-Thematik befaßt gewesen, als es zunächst den Anschein gehabt haben mag. Er hatte eine hohe Sicherheitsfreistellung, arbeitete auf dem White-Sands-Testgelände und am Institute for Advanced Studies in Princeton, wo er angeblich mit Fragen zu UFO-Antriebstechnologien beschäftigt war, und nahm an zwei geheimen NATO-Treffen teil, von denen eines angeblich mit dem Thema »Außerirdische« in Zusammenhang stand.

Am Morgen des 29. August 1992 sah die Amerikanerin Ann Livingston einen grellen Lichtblitz in ihrer Wohnung. Später erinnerte sie sich an wiederholte Entführungserlebnisse. Am Abend nach dem Lichtblitz kamen ihr fünf dunkel gekleidete Männer auf einem Parkplatz entgegen. Sie hatten merkwürdige längliche Geräte in der Hand, die wie Taschenlampen aussahen, und schlugen Ann Livingston bewußtlos.

Von diesen »Männern in Schwarz«, den »Men in Black«, hören Autoren und UFO-Forscher schon seit Jahrzehnten, und während Berichte dieser Art oft als Legende und pure Erfindung abgetan werden, existieren diese bedrohlichen Gestalten mit Gewißheit auch in der Realität. Sie schüchtern Zeugen ein, mahnen sie zum Schweigen, denn andernfalls müßten sie und ihre Familien mit deutlichen Schwierigkeiten rechnen. Diese Männer sind mit hoher Wahrscheinlichkeit Angehörige der Regierung, die einer speziellen Einheit angehören, dem Air Force Special Activities Center (AFSAC), das hauptsächlich dazu bestimmt ist, sogenannte HUMINT zu sammeln, HUMAN INTELLIGENCE, also Informationen, die direkt aus persönlichen, menschlichen Quellen stammen und nicht etwa über elektronische Medien usw. gewonnen werden. AFSAC, mit dem Hauptquartier auf Fort Belvoir in Virginia, untersteht dem Air Force Intelligence Command, dem nachrichtendienstlichen Kommando der Luftwaffe, auf der Kelly Air Force Base. In den fünfziger Jahren war AFSAC als die 1006th Air Intelligence Service Squadron bekannt; in den folgenden Jahren wurde die Bezeichnung immer wieder verändert, von der 1127th Field Activities Group über die 7602nd Air Intelligence Group und die 7602nd Special Activities Squadron hin zur 696th Intelligence Group. Dieser ständige Namenswechsel soll wohl zur Verwirrung und Vernebelung Außenstehender beitragen...
Auf Dokumenten, die im Zusammenhang mit Operationen von AFSAC stehen, ist interessanterweise gelegentlich auch der Begriff »Moondust« zu finden. Dieser Code-Name bezieht sich auf ein geheimes US-Projekt, dessen Aufgabenbereich die Bergung havarierter Flugobjekte aus dem All umfaßt, und zwar nicht nur irdischen Ursprungs.
Nun, Ann Livingston hatte im November 1993 einen, wenn auch allerdings nicht besonders gut besprochenen Artikel über das Thema »Elektronische Bedrohung und außerirdi-

sche Entführungen« im MUFON-Journal veröffentlicht, dann brach bei ihr eine außergewöhnlich schnell voranschreitende Krebserkrankung aus, an der sie verstarb. Schellhorn hält zumindest für möglich, daß ihr Tod »gefördert« worden ist.

Hier konnten nur einige wenige Beispiele genannt werden, die für eine große Zahl ähnlich gelagerter Fälle stehen.

Eine besonders interessante Geschichte – selbst, wenn wir sie wirklich nur als Geschichte akzeptieren wollen – wurde kürzlich über den Privatdetektiv und Marylin-Monroe-Biografen Milo Speriglio bekannt.

Marylin Monroes Tod bewegt die Gemüter bis auf den heutigen Tag, niemand kennt bisher die wahren Hintergründe, niemand kann sagen, ob sie sich das Leben nahm oder ob sie ermordet wurde. Speriglio erhielt von einer namentlich nicht genannten Quelle ein angebliches TOP-SECRET-Dokument der CIA, das den Tod der Filmdiva mit UFO-Informationen in Zusammenhang bringt, die sie während ihres intimen Verhältnisses mit dem damaligen US-Präsidenten John F. Kennedy von ihm erfahren hätte. Natürlich klingt das wahrhaft abgedroschen, und auch Speriglio, der sich bis dahin nie mit UFOs beschäftigt hatte, erklärte selbst, ihm erschiene diese Behauptung absurd. Das Dokument ist auf den 3. August 1962 datiert, einen Tag vor Marylins Tod, und enthält die Information, daß die Schauspielerin angeblich für den kommenden Tag plane, eine persönliche Pressekonferenz abzuhalten, um einige unvermutete Erklärungen abzugeben, wie sie sie in ihrem »Tagebuch der Geheimnisse« festgehalten habe, darunter auch über Pläne, Fidel Castro zu ermorden und das geheime UFO-Wissen von John F. Kennedy preiszugeben.

In der rechten oberen Ecke des Dokuments findet sich die Projektbezeichnung »Moon Dust«, und im Text ist außerdem die Rede von geplanten Enthüllungen über ein Geheimnis, bei dem es um den Besuch des Präsidenten auf einer geheimen Luftwaffenbasis ging, bei dem Gegenstände aus dem Weltraum besichtigt werden sollten – bekannt ist immerhin die Tatsache, daß Kennedy der Area 51 mindestens einen Besuch abgestattet hat. So verrückt die Geschichte auch klingen mag, sie ist doch nicht ganz von der Hand zu weisen.

Speriglio ist übrigens ein zugelassener Dokumenten-Sachverständiger, dessen Echtheitsgutachten vor Gericht ihre Gültigkeit besitzen. Seiner Aussage nach entspricht die Form des Dokuments, u. a. auch die verwendete Schreibmaschinenschrift genau den Gepflogenheiten der CIA in den frühen sechziger Jahren.

Wie er sagt, hätte er über einen befreundeten Journalisten, der in Kontakt mit ehemaligen CIA-Agenten stehe, inoffizielle Bestätigungen für die Echtheit des Inhalts dieses speziellen Dokumentes erhalten, das eigentlich nur die Inhaltsangabe zu einem umfangreicheren Text darstellen soll.

Schon länger gehen im übrigen Gerüchte, daß John F. Kennedy nur deshalb umgebracht wurde, weil er sein Wissen über UFOs endlich preisgeben wollte. Wäre es möglich, daß diese Behauptung, bisher als tiefste Verschwörungstheorie abgetan, vielleicht zu Unrecht so stiefmütterlich behandelt wurde? Ob das Speriglio-Dokument und die noch nicht veröffentlichten Seiten (wenn sie denn überhaupt tatsächlich existieren) wirklich eine Antwort auf diese Frage geben können, bleibt bislang völlig offen.

Zwischenfall in Varginha

Mysteriöse UFO-Vorfälle und ebenso mysteriöse Todesfälle gehen oft Hand in Hand. Wer zuviel weiß, wer zur falschen Zeit am falschen Ort war, wird zum Schweigen gebracht, wobei jedes Mittel recht ist. Dies ist bei Drogen- und Waffengeschäften so, und es ist auch nicht anders bei geheimen Militär- und UFO-Operationen. In diesem Buch sind Sie schon vielen Beispielen und Fällen begegnet, die einen kleinen Einblick geben sollen in die Hintergründe und Vorgänge, die sich hinter verschlossenen Türen, hinter den Mauern des Schweigens oder bei Nacht- und Nebelaktionen abspielen. Wir haben uns dabei meistens auf US-Territorium bewegt, doch soll das nicht heißen, daß UFO-Zwischenfälle nicht genauso auch in anderen Ländern stattfinden. Ohne Frage ist tatsächlich eine Konzentration der UFO-Ereignisse wie auch der Forschungen auf dem Boden der Supermacht zu verzeichnen. Dennoch sind UFOs ein weltweites Phänomen.

Ein Land wurde in den vergangenen Jahren besonders stark von UFOs heimgesucht – mit unzähligen Sichtungen, Landungen bzw. vermeintlichen Abstürzen, UFO-Entführungen, Begegnungen mit fremden Wesen und vielen anderen unfaßbaren Zwischenfällen: Brasilien.

Und ganz besonders der Ort Varginha im Staat Minas Gerais hat seit einem Ereignis im Januar 1996 weltweite Aufmerksamkeit auf sich gezogen...

Am späteren Nachmittag des 20. Januar 1996 etwa gegen halb vier Uhr liefen drei Mädchen einen schmalen Pfad nahe der Gegend des Jardim Andere in Richtung ihres Zuhauses. Etwa zwei Kilometer trennten sie noch davon. Was ihnen nun dort, auf diesem Wegstück, widerfuhr, werden sie wohl ihr ganzes Leben lang nicht mehr vergessen. In der Nähe einer recht alten Garage nämlich kam es zu einer wahrhaft unheimlichen Begegnung.

Die 16jährige Liliane Fatima de Silva schaute nichtsahnend zu dem heruntergekommenen Bau hinüber. Dann gefror ihr das Blut in den Adern. Voller Entsetzen schrie sie laut auf. Natürlich erschraken allein schon deshalb die beiden anderen Mädchen – ihre zwei Jahre jüngere Schwester Valquiria und deren 22jährige Freundin Katia Andrade Xavier –, der Schauer lief ihnen den Rücken herab. Als sie zur Garage hinüberschauten, glaubten sie kaum, ihren Augen noch trauen zu können. Niemand konnte auf einen derartigen Anblick gefaßt sein. Dort, nahe der Steinmauer, kauerte ein furchterregendes Wesen, es nahm eine Hockstellung ein, so daß die langen Arme zwischen den Beinen herabhingen. Die braune Haut dieses Geschöpfes machte den Eindruck, als ob sie feucht und schlüpfrig sei, zumindest meinten das die Mädchen.

Fast schon teuflisch wirkte der übergroße, haarlose Kopf, aus dem drei stumpfe, hornähnliche Wülste herausragten. Nase und Mund des ungewöhnlichen Geschöpfes waren den Aussagen nach sehr klein. Am auffallendsten aber: die sehr großen, roten Augen.

»Es war kein Tier, aber ganz gewiß auch kein Mensch«, erklärte Katia später. Und Liliane erinnerte sich: »Ich hatte das Gefühl, daß er... hmmm... ein bißchen verängstigt war. Es scheint, daß unser Klima ihm zu schaffen machte. Wissen Sie, es sah aus, wie wenn eine Person einen ansieht und durch seinen Blick Qual und Traurigkeit vermittelt. So, als wenn es sagte: ›Ich leide.‹« – Trotz dieser Beurteilung fürchteten sich die Mädchen freilich vor dem Fremdling.

Zunächst rührte sich das uneinordbare »Ding« nicht. Völlig lautlos verharrte es in seiner Hocke. Vielleicht war es auch gerade diese Ruhe, diese Starre, die eine darauf folgende, ganz leichte Bewegung des Wesens zum Anlaß für die drei Mädchen werden ließ, in völliger Todesangst davonzulaufen. Gleich nach der Ankunft der aufgelösten jungen Frauen entschloß sich die Mutter von Liliane und Valquiria, die Garage aufzusuchen, um nachzusehen, was ihre Kinder und deren Freundin denn nun wirklich dort gesehen haben mochten. Vierzig Minuten nach der erschreckenden Begegnung traf sie am Platz des mysteriösen Geschehens ein, doch keine Spur von einem »gehörnten Wesen«!

Trotzdem, auch sie bemerkte etwas Unnormales.
Sie konnte deutlich feststellen, daß ein ungewöhnlicher, in keiner Weise angenehmer Geruch in der Luft lag. Und das sollte nicht der einzige Hinweis darauf sein, daß ihre Kinder nicht gelogen hatten.
Senhora de Silva wurde im Februar 1996 von vier unbekannten Männern aufgesucht. Sie boten ihr eine hohe Summe an, allerdings hatte sie selbstverständlich eine Leistung dafür zu erbringen.
Sie sollte lügen.
Oder zumindest gegen ihre persönliche Überzeugung aussagen, ihre Töchter hätten die Geschichte nur erfunden. Natürlich ging Senhora de Silva darauf nicht ein.
Wer waren diese Männer? Ihre Spuren verliefen sich leider im Nichts, doch es gibt immerhin einige unbestätigte Gerüchte, die aber wenigstens im Bereich des Denkbaren liegen. Demnach fuhren die Männer einen marineblauen Lincoln, einen 94er Continental mit brasilianischem Kennzeichen mit der Aufschrift »Distrito Federal«. Offensichtlich etwas ganz Offizielles. Beobachter wollen auch gesehen haben, daß eine C-5- oder C-17-Transportmaschine der US Air Force auf dem São Paulo International Airport geparkt war. Dies datierte auf den 20. Januar, also genau den Tag, an dem die Mädchen das Wesen sahen. Und nur zwei Tage später war dann dasselbe Flugzeug angeblich auf dem Flughafen von Campinas/São Paulo zu sehen.
Nun muß man wissen: C-5-Maschinen haben in der »Ufologie« – welch ein unschönes Wort übrigens – eine besondere Bedeutung. Militärische Insider wollen wissen, daß solche C-5-Transporter einem äußerst »delikaten« Zweck dienen: der Beförderung künstlicher Habitate, also Lebenserhaltungskabinen mit geeigneten biologischen Bedingungen zum Transport nichtirdischer Lebensformen. Die Habitate werden an Orte von UFO-Landungen bzw. -Havarien

gebracht, um die Besatzung in geeigneter Weise wegzubefördern, so heißt es.
Stürzte in Varginha ein UFO ab? Sahen die Mädchen ein außerirdisches Wesen, das sich, vielleicht verletzt, in den Park geschleppt hatte?
Gegen ein Uhr früh, direkt in der Nacht vor der Begegnung im Jardim Andere, beobachteten Oralina Augusta und Eurico Rodrigues, die auf einer Farm zwischen Varginha und Tres Coracoes leben, eine Himmelserscheinung, wie sie sie noch nie gesehen hatten. In jener Nacht weckte sie der ungewöhnliche Lärm auf, den ihre Kühe machten. Ein Blick aus dem Fenster erklärte den Aufstand der Kühe, doch für die beiden Besitzer war seitdem die Welt dennoch kaum mehr zu verstehen. Die Tiere liefen ziellos um das Haus, erschreckt von einem zigarren- oder diskusförmigen Objekt, das recht langsam und nicht sehr hoch völlig geräuschlos über den Himmel zog. Irgend etwas schien mit dieser Maschine nicht in Ordnung zu sein. Jedenfalls stellte das Ehepaar bei nur etwas genauerem Hinsehen fest, wie aus dem grauen, unbeleuchteten Flugkörper weißer Rauch austrat. Um ein gewöhnliches Flugzeug handelte es sich bei dem Objekt nicht, doch was es war, davon hatten die Beobachter keine Vorstellung.
Natürlich liegt es nahe, diese geheimnisvolle Erscheinung mit dem ebenso geheimnisvollen Auftauchen des fremden Wesens rund vierzehn Stunden später im Park in eine ursächliche Verbindung zu bringen.
Und eigentlich war die Zeitdifferenz zwischen den ungewöhnlichen Ereignissen jener Stunden noch geringer. Wie sich nämlich herausstellte, waren die Mädchen nicht die ersten Zeugen von Aktivitäten eines seltsamen Wesens. Schon am Vormittag des 20. Januar, gegen zehn Uhr dreißig, also rund fünf Stunden vor dem Erlebnis der drei Mädchen, beobachteten zahlreiche Zeugen, wie brasilianische Armee-

lastwagen in Richtung Jardim Andere fuhren. Die Feuerwehr in Varginha war am Morgen von einem Bewohner der Gegend alarmiert worden, ein »wildes Tier« würde den Park unsicher machen. Daher marschierte die Mannschaft mit Netzen und Käfigen an, und tatsächlich entdeckten die verblüfften Männer ein sehr fremdartig wirkendes Wesen, das verletzt zu sein schien. Die anwesenden Zeugen, zwei Erwachsene und drei Jugendliche, mußten das Gelände sofort verlassen.

Der Einsatzleiter verständigte die »Escola Sargentos das Armas«. Diese Institution ist die nächstgelegene Armeebasis und liegt in Tres Coracoes, also etwa 25 Kilometer von Varginha entfernt. Man zögerte nicht lange und sperrte den Park rundherum ab. Nun begann die Jagd nach dem »Fremdling«. Das Wesen war schwer einzufangen. Erst nach zwei Stunden wurden die Feuerwehrleute mit der Situation fertig. Offenbar hatten sie einerseits doch Berührungängste, denn etwas Ähnliches, wie das, was sie da durch das dichte Gebüsch hetzten, hatte noch niemand von ihnen je zuvor gesehen. Dann war auch das Gelände wegen der steilen Abhänge sehr schwer begehbar.

Das Wesen – möglicherweise fingen die Leute sogar zwei ein – wurde(n) nach dem bisherigen Kenntnisstand am 22. Januar mit einem Militärkonvoi nach Campinas abtransportiert. Das Kommando über den Zug lag bei Lt. Col. Olimpio Wanderly Santos, der in Begleitung von Captain Ramirez und Lieutenant Tide war, sowie einem Sergeant Pedrosa vom brasilianischen Militärgeheimdienst S-2.

Mindestens ein Wesen wurde Berichten zufolge in das Regionalkrankenhaus von Varginha verbracht, dann anschließend zur Autopsie in das Hospital Humanitas in Campinas.

Der beachtliche militärische Einsatz sollte natürlich weitgehend unter das Siegel der Geheimhaltung fallen – wie könnte es anders sein! So verwundert auch keineswegs, wenn es heißt, die beteiligten Soldaten seien eindringlich gewarnt worden. Niemand dürfe Informationen an UFO-Forscher oder ganz allgemein an die Öffentlichkeit weitergeben. Dennoch erregte der Fall offenbar zuviel Aufsehen. Immerhin hatte es direkte Zeugen gegeben, und auch die Militäraktion war nicht zu übersehen. Sicherlich spielen oft zufällige Entwicklungen eine Rolle, die entscheiden, ob ein Zwischenfall bekannt wird oder aber in der geheimen Versenkung verschwindet – das Zusammentreffen von Ereignissen, die zeitliche Abfolge, die örtlichen Gegebenheiten. Manchmal dürfte die Einschüchterung von Zeugen so schnell einsetzen, daß eine regelrechte Kettenreaktion des Schweigens die Folge ist, ein anderes Mal könnte es geschehen, daß das Wort über einen seltsamen Vorfall die Runde macht, so schnell, daß jede weitere Bedrohung und Einschüchterung eher das Gegenteil bewirkt und einen Fall noch populärer werden läßt. Allgemeine Regeln über das »Wie« und »Warum« lassen sich ganz bestimmt nicht aufstellen.

Wie gut aber der Mund von Zeugen über Jahrzehnte hinweg verschlossen werden kann, demonstriert beispielsweise ein nicht mit UFOs zusammenhängendes Ereignis aus dem Jahr 1958 sehr eindrucksvoll.

Damals, am 2. September, verletzte eine amerikanische Frachtmaschine vom Typ C-130 auf geheimer Aufklärungsmission den sowjetischen Luftraum über Armenien. Das Flugzeug wird abgeschossen, wobei angeblich alle siebzehn Mitglieder der Besatzung sterben. Die US-Regierung hält den Vorfall fünfunddreißig Jahre geheim, und noch heute sind zahlreiche Unterlagen dazu nicht einsehbar. Die Anwohner der kargen Gegend werden Zeugen des Absturzes und sehen, wie einige Männer in Fallschirmen abspringen. Später werden sie vom KGB abgeführt. Selbst heute, obwohl an Ort und Stelle Beweise für den Absturz gefunden wurden, geben alle älteren

Anwohner beharrlich vor, nichts gesehen zu haben. An Fallschirme und Piloten kann sich anscheinend niemand erinnern. Denn niemand wollte sterben, weil er zuviel sagte.
Und doch waren sie damals dabei. Allerdings wußten sie, daß ihr Überleben nur gesichert war, wenn sie stur darauf beharrten, nichts gesehen oder gehört zu haben. Und dieser Maxime des Schweigens folgten sie noch Jahrzehnte später, in einer Zeit, als es die Sowjetunion bereits nicht mehr gab!
Doch wie wir noch sehen werden, kennt auch der »Fall Varginha« durchaus ebenso die Methoden der Vertuschung. Der ansonsten recht skeptische Richter und UFO-Forscher Ubirajara Franco Rodrigues ist überzeugt davon, daß sich alles so zugetragen hat, wie die Zeugen behaupten. Für ihn steht fest: »Was diese jungen Frauen gesehen haben, war ohne jeden Zweifel eine fremde Kreatur« – seiner Einschätzung nach waren diese Wesen nichts anderes als EBEs – »Extraterrestrische Biologische Entitäten«.
Wie auch immer, in jenen Tagen kam es zu einer ganzen Reihe an merkwürdigen Vorfällen und Beobachtungen, die eine internationale Verwicklung in die »Varginha-Affäre« nahelegen. So sollen am Abend des 21. Januar 1996 mehrere Amerikaner im Restaurant Churrascaria Gaucha, Avenida Dr. Campos Sales 515, in Campinas aufgefallen sein. Wer diese Personen waren, ließ sich nicht herausfinden.
Adilson Usier Leite, der Verwaltungschef der beiden Stadtkliniken von Varginha (des erwähnten »Hospital Regional« und des »Hospital Humanitas«) bestätigte gleichfalls ungewöhnliche Vorgänge in der Woche nach dem 20. Januar. Im Hospital Regional sollte ein toter Körper obduziert, geröntgt und genau untersucht werden. Offiziell war der Tote ein Universitätsstudent, der nach einem Einbruchsversuch festgenommen und bald darauf tot in der Gefängniszelle entdeckt worden war. Währenddessen trafen im Hospital

Humanitas Instrumente ein, die für Herztransplantationen verwendet werden. UFO-Forscher weltweit vermuten hinter all diesen »zufällig« zusammentreffenden Ereignissen eine routinemäßige, ausladende Vertuschungsaktion. Die Begleitumstände und vielleicht auch die Art und Weise der Vernebelung deuten auf eine Beteiligung der USA hin. Schwierig wird nur sein, nun die wahren Teile der Geschichte von Gerüchten abzukoppeln. Obwohl der Fall von Varginha so frisch ist, wird das sehr problematisch, soviel ist schon jetzt klar.

Das alles führt einem leider auch wieder sehr deutlich vor Augen, daß die Aufklärung einer so komplexen Geschichte bestimmt erst recht nicht mehr möglich sein wird, wenn sie sehr lange zurückliegt – wie eben »Roswell«.

Doch wenn es um UFOs und Bergungen geht, scheinen tatsächlich die Amerikaner ihre Hand immer irgendwie mit im Spiel zu haben. Als das Objekt, das Oralina und Eurico Rodrigues niedergehen sahen, zwischen dem 20. und 22. Januar vom Militär aus einem Kaffeeanbaugebiet etwa zehn Kilometer nordwestlich von Varginha geborgen wurde, war, so heißt es, auch ein amerikanischer Zivilist als Zeuge mit von der Partie.

Warum UFOs als Produkte einer uns weit vorausentwickelten Zivilisation überhaupt abstürzen sollen, und dazu auch noch ziemlich häufig, ist ohnehin eine Frage für sich.

Bei dem Roswell-Objekt soll es sich um ein Kurzstreckenfahrzeug gehandelt haben, das nicht zum Interstellarflug fähig war. Seine Technik sei vergleichsweise einfach gewesen, trotzdem immer noch der unsrigen weit voraus. Untersucher des Falls sprechen davon, daß das Raumschiff durch das ungewöhnlich heftige Gewitter jener Julinacht bzw. durch die Entladung eines mächtigen Blitzes zum Absturz gebracht wurde. Andere meinen, starke Radiowellen hätten Elemente der Bordelektronik gestört. Konnten die Fremden ihr Flugobjekt nicht gegen derart gefährliche Einflüsse isolieren? Oder gehen wir mit unserer Erwartung einer absolut fehlerfreien, perfekten Technik der UFOs doch etwas zu weit? Irren ist menschlich, doch zu Außerirdischen scheint diese Schwäche nicht zu passen. Beruhigend wäre es zumindest, daß auch diese vermeintlich »Übermächtigen« nicht alles unter Kontrolle haben!

UFO-Forscher haben mittlerweile wirklich ein Problem mit den Abstürzen, und bisher konnte niemand eine wirklich plausible Auskunft geben, aus welchen Gründen diese Objekte letztendlich versagen sollten. Doch, sind es denn wirklich jedesmal die »echten« Raumschiffe der Fremden, die betroffen sind? Denken wir doch nur an das Programm HPAC: Testprojekte der Regierung, zumindest der US-Regierung – Probeflüge fremder Flugobjekte mit menschlichen Besatzungen und dazu eventuell auch nicht-menschlicher Begleitung!

Der »Fall Varginha« besitzt noch zahlreiche Facetten. Auf die sehr populär gewordene Begegnung der drei Mädchen mit dem ungewöhnlichen Wesen, fast im Sinne von »Die Schönen und das Biest«, folgten in den kommenden Wochen und Monaten weitere Sichtungen solcher Wesen, von denen insgesamt wohl sieben Stück existiert haben müssen.

Und wieder gab es einen mysteriösen Todesfall. Bis heute sind die Umstände und Gründe, die zum Tod des 23jährigen Militärpolizisten Marco Eli Chereze führten, völlig ungeklärt. Der junge Soldat erkrankte bald an einer komplizierten Infektion und starb am 15. Februar 1996.

Am frühen Abend des 20. Januar zog ein kräftiger Sturm über Varginha hinweg. Es hagelte, und die Gewalt des Unwetters löschte alle möglicherweise noch vorhandenen Spuren jenes Wesen aus, das von den drei Mädchen am selben Nachmittag entdeckt worden war.

Noch während der heftigen Niederschläge durchstreiften

zwei Militärpolizisten das Gebiet zwischen Santana und Jardim Andere, wobei sie auf eine zweite Kreatur stießen – vielleicht war es auch dieselbe, die Liliane, Valquiria und Katia gesehen hatten. Jedenfalls gelang es den beiden Polizisten, die unheimliche Gestalt einzufangen. Einer der beiden Männer war Chereze.
Befand sich Chereze am 20. Januar überhaupt im Einsatz? Den militärischen Aufzeichnungen zufolge nein! Sie stehen aber im völligen Widerspruch zu den Aussagen seiner Mutter. Denn sie erinnert sich ganz genau, wie ihr Sohn an exakt jenem Abend verschwitzt vom Dienst zurückkam, sich in Eile trockene Sachen anzog und das Haus gleich darauf ebenso hastig verließ. Die Mutter bat er lediglich noch, seiner Frau von ihm auszurichten, daß er zum Essen nicht kommen könne wegen einer dienstlichen Mission. Knapp einen Monat später wurde er krank und starb völlig unerwartet.
Cherezes Schwester Marta hegt den Verdacht, das Wesen habe die Erkrankung ausgelöst. Irgendwie müsse ihr Bruder in Kontakt mit ihm gekommen sein und sich dabei die Infektion zugezogen haben. Tatsächlich gibt es Hinweise darauf, daß ein Giftstoff im Spiel sein könnte.
So starben in einem Zoo, in dem ebenfalls eine der Kreaturen auftauchte, fünf Tiere. Bei der Untersuchung der Körper fand sich angeblich in einem von ihnen eine »unbekannte toxische Substanz«. Und was hatte es mit dem seltsamen, unangenehmen Geruch auf sich, den Senhora de Silva an der Stelle wahrgenommen hatte, an der ihre Kinder auf das Wesen stießen?
Ubirajara Franco Rodrigues besitzt mittlerweile fünfzehn auf Video aufgezeichnete Zeugenaussagen über die Beteiligung Cherezes an jener abendlichen Aktion. Aus Sicherheitsgründen hat Rodrigues zumindest für die nächste Zeit nicht vor, die Namen der Zeugen bekanntzumachen. Acht von ihnen sind Angehörige des Militärs.

Es wurde auch schon der Verdacht geäußert, ob Chereze irgend etwas erlebte, was er eigentlich nicht sehen sollte, oder ob er vielleicht vorhatte, über Dinge zu sprechen, die geheim bleiben sollten. Die wahren Hintergründe seines Schicksals bleiben jedenfalls vorerst genauso im dunkeln wie das zahlreicher anderer Menschen, die willentlich oder unwillentlich in die UFO-Connection geraten sind. Und auch sein Fall belegt wiederum die grenzenlose Zurückhaltung der offiziellen Stellen, wenn es darum geht, mit der Wahrheit ans Licht zu kommen.

Verstümmelte Menschen

Schlagen wir nun abschließend noch eines der düstersten Kapitel des UFO-Rätsels auf: das der unerklärlichen Verstümmelungen. Ausnahmsweise scheinen es diesmal nicht die Geheimdienste, das Militär oder die Regierung zu sein, die für die Tode verantwortlich sind.
Bereits seit Jahrzehnten sind Fälle bekannt, bei denen Tiere auf grauenerregende Weise umgebracht und auf den Weiden von ihren fassungslosen Besitzern aufgefunden werden. In den vergangenen Jahren kamen Belege ans Licht, die zeigen: Die Verstümmelungen – nach dem englischen Begriff »mutilation« gelegentlich auch als »Mutilationen« bezeichnet – beschränken sich nicht nur auf Tiere. Und die grausigen Merkmale sind genau die gleichen.
Schon im vorigen Jahrhundert gab es Fälle, bei denen Tiere, meist Kühe, Rinder oder Pferde, auf bestialische Weise abgeschlachtet worden waren; ihnen fehlten Gliedmaßen, innere Organe, Teile des Fleisches um die Kiefer, Ohren, Augen und Hautpartien. Natürlich gab es perverse Tierschänder, die für die abscheulichen Taten verantwortlich gemacht werden konnten. Doch nicht immer fanden sich die Schuldigen, was

Three Mutilated Cows Found Near Truchas

Three mutilated cows apparently have been found near Truchas.

The cows were part of a herd owned by Truchas resident Max Cordova and his father and brother, Alberto and Albert Cordova.

Cordova said the three dead cows were discovered last Friday with their genital organs and udders removed. The tongues also were cut out. The anuses had been cut from two of the dead animals, he said.

The animals were found several hundred feet apart in a pasture off Llano de Abeyta Road.

The cutting was done with surgical precision, Cordova said, adding that there was no evidence that predators had attacked the animals.

Cordova would like for state officials or law enforcement officers to document the incident, which bears a striking resemblance to approximately 30 other case of livestock mutilation in Northern New Mexico in the past 16 months.

Several area residents claim an increase in late night-early morning traffic along Llano de Abeyta Road last Wednesday and Cordova believes that is when the animals were destroyed.

Search continues for 1,700 cattle

■ **WAURIKA, Okla.** — The search is on for 1,700 cattle a rancher reported missing from pastures west of Waurika. Rancher A.D. Richardson told authorities Sunday that 850 cows and 850 calves were missing. He said the cattle disappeared between Aug. 3 and Sunday. The Texas and Southwestern Cattle Raisers Association in Fort Worth, is checking with sale barns in the surrounding counties, said investigator Larry Gray.

More Cattle Mutilations Spur Meeting

By Andrew Stiny
JOURNAL CORRESPONDENT

TAOS — An amateur cattle mutilation investigator says she is convinced a spate of recent mutilations in northern New Mexico are not the work of a satanic cult or predators and that more unreported mutilations have occurred.

"Cordova said six more ranchers had mutilations, but are scared to talk about it," said Gail Staehlin of Albuquerque, referring to Truchas rancher Max Cordova, who had a recent mutilation of cattle at his ranch.

"Very, very high levels of potassium have been found in the Truchas cows," Staehlin said. "I don't know what this substance is. ... We're having it tested."

Six tissue samples from six different cows are being examined at an Albuquerque veterinary lab, she said.

More than 30 cattle mutilations have been reported in northern New Mexico in the past year or so, according to recent published reports. All have reportedly been similar with the sex organs of the animals removed.

"We are going to hold a private meeting with ranchers, veterinarians, and the livestock board to hash this out," Staehlin said. Night watches or stakeouts of ranches are a possibility, she said. Meanwhile, a spokesman for Sen. Pete Domenici, R-N.M., says the senator has been monitoring the situation and will be in Taos this week.

Staehlin said a different course of action will be pursued if and when another mutilation occurs.

"We want to bring the whole thing (carcass) to a veterinary diagnostic lab," which hasn't been done yet, she said.

The cow carcasses are decomposing very fast, said Staehlin. She said double tissue samples from recent mutilations are being sent to labs in Denver as well as Albuquerque.

"We don't want anyone to touch one (a carcass) without gloves," Staehlin said. Several people have received some types of burns from the carcasses, she said.

Einige Zeitungsberichte über Tierverstümmelungen belegen die Häufigkeit des Phänomens.

an sich noch nicht heißen soll, daß es keine gab. Aber manchmal war nicht mehr zu erklären, wie einer oder mehrere Menschen es geschafft haben konnten, dem Tier sämtliche Körperflüssigkeit zu entnehmen, ohne dabei Spuren zu hinterlassen. Es gab kein Blut und es gab auch keine Fuß- oder Wagenspuren. Niemand hörte Geräusche. Nichts.

Aus dem Jahr 1967 ist der erste wirklich gut untersuchte und dokumentierte Fall einer Verstümmelung bekannt. Damals wurde eine dreijährige Stute – die mittlerweile berühmte »Lady« – in Südcolorado tot aufgefunden. Fleischpartien an Kopf und Hals waren mit höchster chirurgischer Präzision entfernt worden, wie sich herausstellte offenbar mit Lasern. Wieder fehlte das Blut des Tieres. Einzelne Organe waren entfernt und niemand konnte sich erklären, wer für die Tat verantwortlich war.

Selbst die Hufabdrücke des Pferdes hörten einige zig Meter vor der Todesstelle auf. Ein niedergedrückter angesengter Busch gab ein weiteres Rätsel auf. Und bis heute sind die »Mutes« nicht geklärt. Im zeitlichen und räumlichen Umfeld tauchen jedoch immer wieder ebenso unerklärliche Lichterscheinungen am Himmel auf, Objekte, die wir nicht anders denn als typische UFOs bezeichnen können. Sie scheinen in enger Verbindung mit den Verstümmelungen zu stehen. Allerdings zeigen sich immer wieder auch Hubschrauber. Keine gewöhnlichen natürlich, sondern sehr merkwürdige, dunkle, unmarkierte, deren Betreiber ebenfalls im dunklen Hintergrund verbleiben, aber offensichtlich mehr wissen müssen, denn sie erscheinen manchmal sogar noch, bevor dann im selben Gebiet ein verstümmeltes Tier gefunden wird.

Beweist dieser Zusammenhang eine Involvierung der Regierung? Nicht unbedingt.

Was zunächst logisch erscheint, löst sich schnell in Schall und Rauch auf, denn die Regierung hätte sicherlich kein Interesse daran, durch sinistre Verstümmelungen auf sich aufmerksam zu machen. Man würde die Tiere sicherlich komplett entfernen. Für diverse Experimente stehen eigene Versuchstiere zur Verfügung.

Möglicherweise aber testet man regelmäßig Gewebe in Gebieten, die ohne Wissen der Bevölkerung einer höheren radioaktiven Belastung ausgesetzt sind? Der amerikanische Forscher Dr. Richard Sauder hält es für denkbar, daß die Tiere von den Hubschraubern aus eingefangen und an Bord gezogen werden. Man verstümmelt sie dort, entnimmt Proben und läßt sie wieder auf die Erde fallen. Tatsächlich gibt es Fakten, die diese These zu stützen scheinen. So muß »Lady« die letzten Meter ihres Lebens geschwebt sein, denn es gab keinerlei Hufabdrücke mehr. Außerdem war am Ort des Geschehens die Radioaktivität erhöht. Auch finden Verstümmelungen nicht selten in der Nähe von Militärbasen statt, zumindest trifft das auf die USA zu (Verstümmelungen sind auch aus anderen Ländern bekannt, z. B. in Afrika, Australien, Kanada und auch Europa). Sauder weist darauf hin, daß beispielsweise auf der Kirtland Air Force Base in New Mexico immer wieder auch »Schwarze Hubschrauber« gesehen werden, daß dort ein transportabler Hochleistungslaser entwickelt wurde und in jener Gegend auch Tierverstümmelungen keine Seltenheit sind. Doch gibt es in den USA sehr viele militärische Einrichtungen, demnach wundert es eigentlich kaum, wenn Mutilationen oft in der Nähe solcher Gelände stattfinden. Im übrigen lädt die Einsamkeit des amerikanischen Westens, in dem sich beides konzentriert, zu verborgenen und mysteriösen Aktivitäten geradezu ein. Verstümmelte Tiere wurden allerdings nicht nur auf freien Weiden gefunden, sondern auch in Unterständen, wo sie unzugänglich für Hubschrauber sind. Tatsache ist aber auch, daß die Knochen mancher der betroffenen Tiere gebrochen sind, so als ob sie aus einer Höhe von dreißig oder mehr Metern zu Boden gefallen wären. Nur fragt sich immer noch, warum die Regierung, zur Untersuchung einer radioaktiven Kontamination beispielsweise, einem Tier sämtliches Blut entfernen sollte, bis auf den letzten Tropfen! Und dazu noch in oft sehr kurzer Zeit von wenigen Minuten. Was befähigt außerdem die Ausführenden, einem Pferd Körperorgane wie Herz oder Lunge aus kleinen, wiederum hochpräzise geschnittenen Löchern von Zentimetergröße zu entfernen? Eine Leistung, über die sich erfahrene Pathologen nur wundern können.

Tierverstümmelungen sind keine Einzelfälle. Sie sind besonders für die amerikanische Landwirtschaft mittlerweile zu einer beängstigenden Plage geworden. Im Jahr 1979 schaltete sich schließlich nach unverständlich langem Zögern das FBI in die Untersuchung der mysteriösen Vorfälle ein. Ein Jahr darauf legte dann Agent Kenneth Rommel, Jr., einen rund dreihundertseitigen Abschlußbericht vor, mit dem Ergebnis, räuberische Tiere seien für die Tode verantwortlich.

Jeder, der das Phänomen aus eigener Anschauung kannte, sah diese Erklärung als reinen Hohn, zumindest aber als den Versuch von Volksverdummung. Der Ex-Astronaut und Senator von New Mexico Harrison Schmitt stellte fest: »Entweder handelt es sich hier um eine Verschwörung, ausgestattet mit den hervorragendsten technischen Mitteln, oder es sind Außerirdische.«

Nun, Tierverstümmelungen sind bereits schockierend genug. Doch das Phänomen macht auch vor Menschen nicht halt. Schon lange gehen Gerüchte über Funde von Menschen, die in exakt derselben Art und Weise verstümmelt worden seien wie Tiere. Doch die Skepsis war groß. Wo waren Beweise oder zumindest Hinweise darauf, daß so etwas wirklich geschieht?

Einer der ersten Berichte, die in diesem Zusammenhang kursierten, spricht von einem amerikanischen Sergeant namens Jonathan P. Louette, der im Jahr 1956 auf dem White-Sands-Waffentestgelände in New Mexico stationiert gewesen sei. Angeblich wurde er verstümmelt aufgefunden, nachdem

III. Mysteriöse Todesfälle und die UFO-Connection

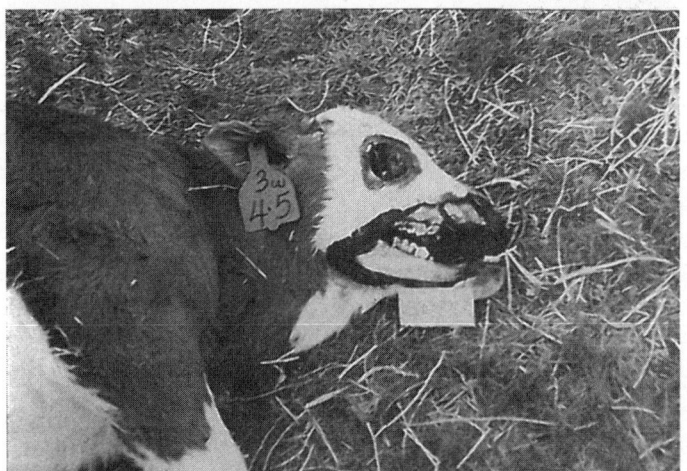

Mit Laserskalpellen verstümmelt und aller Körperflüssigkeit entzogen: Weidetiere in vielen Gegenden der Erde, vornehmlich aber in den USA. Immer wieder werden UFOs gleichzeitig am selben Ort gesichtet, an dem diese mysteriösen Verstümmelungen stattfinden. Vor nicht langer Zeit wurden nun gut belegte Berichte über ähnlich verstümmelte Menschen bekannt.

drei Tage zuvor ein unidentifiziertes, diskusförmiges Objekt über dem Gelände erschienen war. Dem Mann waren mit chirurgischer Präzision die Geschlechtsteile entfernt worden, außerdem der Rektalbereich und u. a. die Augen. Einem anderen Bericht zufolge sollen sogar schon in den vierziger Jahren menschliche Körperteile in einem abgestürzten UFO gefunden worden sein, doch freilich gibt es die verrücktesten Geschichten. Im Falle von Louette stimmen zumindest die Beschreibungen der typischen Charakteristika einer Mutilation, doch beweist auch dies überhaupt nichts. Ebensowenig ist nachweisbar, ob sich ein Fall aus Texas tatsächlich zugetragen hat, bei dem irgendwann in den sechziger Jahren ein entsprechend verstümmelter Mann aufgefunden worden sein soll, oder der Fund einer verstümmelten B-52-Besatzung aus Vietnam, wobei man sich hier auch andere Ursachen vorstellen kann als gerade Außerirdische.

Auch die auf dem Gebiet der Tierverstümmelungen führende Forscherin und Dokumentarfilmerin Linda Moulton Howe hat angesichts dieser Gerüchte immer wieder betont, daß es für gleichartige Fälle bei Menschen keine harten Belege gebe.

Manchmal scheinen immerhin die Quellen zuverlässiger zu sein. Don Ecker, ein ehemaliger Polizist und Herausgeber eines UFO-Magazins, erfuhr von dem für Idaho zuständigen MUFON-Direktor Don Mason von einem Mann, der im Jahr 1979 von zwei Jägern in der Gegend von Bliss und Jerome in Idaho verstümmelt aufgefunden worden war. Neben typischen Charakteristika einer Mutilation waren dem Opfer auch die Lippen entfernt worden, so berichtet Ecker. Wieder fanden sich im Gelände nicht die geringsten Spuren. Ein noch im Dienst befindlicher Kollege zapfte im Interesse von Ecker das vom FBI in Washington unterhaltene System NCIC an, eine riesige polizeiliche Datenbank, in der normalerweise auch eine Unzahl an Todesfällen verzeichnet sein müßte, die auf unerklärliche Verstümmelungen hinweisen. Doch selbst bis ins Jahr 1970 zurückblickend, fand jener Kollege Eckers zu seiner völligen Überraschung nicht die geringste Information. Die Auskunft war lapidar: Es gebe keine ungelösten Morde der hier gesuchten Art. Schließlich hieß es nur noch, daß jede weitere Anfrage nach geeigneter Autorisierung auf fernmündlichem Wege zu erfolgen hätte.

Der aus Sicherheitsgründen namentlich nicht genannte Kollege Eckers habe ihm gegenüber daraufhin nur geäußert: »Die sitzen auf etwas, so groß wie die Hölle!«

Unerklärliche Verstümmelungen von Menschen, ein Geheimnis, so enorm wie das der UFOs und ganz offenbar mit ihnen verbunden!

Zumindest die in ihrer Art völlig identischen Tiertode werden in nicht mehr zufälligem Maß von UFO-Phänomenen begleitet, das bestätigen nicht nur UFO-Forscher, sondern genauso Wissenschaftler, Farmer oder Polizisten.

Von einer meines Erachtens verläßlichen Quelle in Großbritannien, die allerdings zur Zeit nicht daran interessiert ist, in diesem Kontext genannt zu werden, habe auch ich einige erschreckende Informationen zum Thema »Human Mutes«, also zu den tödlichen Verstümmelungen an Menschen, erhalten. Demnach sollen auf einer geheimen Militärbasis im Vereinigten Königreich zahlreiche Opfer dieser Art aufbewahrt werden.

Wie schon erwähnt, bis vor nicht allzulanger Zeit gab es nur sehr spärliche Hinweise darauf, daß den Berichten über unerklärliche Verstümmelungen an Menschen, die dem Muster derjenigen an Tieren exakt entsprechen sollten, wirklich wahre Begebenheiten zugrunde liegen. Zwischenzeitlich aber hat sich das Blatt radikal gewendet. Und auf ein neues finden wir uns in Brasilien.

Wie die brasilianische UFO-Forscherin Encarnacion Zapata Garcia erfuhr, hatte der mit ihr befreundete Dr. Rubens Goes eine Reihe an grauenerregenden, aber definitiv authentischen Fotos erhalten, die erstmals einen nach typischem Muster verstümmelten Menschen zeigen. Daß sie überhaupt nach außen drangen, scheint einer Reihe glücklicher Umstände und Zufälle zu verdanken zu sein. Denn Dr. Goes hatte sie von seinem Cousin Rubens Sergio erhalten, einem Analytiker der Polizei. Sie zeigen den unbekleideten Körper eines zunächst unidentifizierten Mannes, wie er am 29. September 1988 in der Nähe des Guarapiranga-Reservoirs verstümmelt aufgefunden worden war. Zwar konnte die Identität des Mannes später geklärt werden, doch zum Schutz der Angehörigen wurde vereinbart, seinen Namen niemandem preiszugeben.

Die Übereinstimmungen der Merkmale mit tierischen Verstümmelungen sind verblüffend, selbst bei alleiniger Betrachtung der teils detaillierten Fotografien. Weitere Informationen gehen aus dem Autopsiebericht hervor, der überraschenderweise vom Hauptuntersucher Dr. Cuenca ausgehändigt wurde. Übrigens, die Autopsieärzte waren während ihrer Arbeit, d. h. auch bei der Formulierung dieses Berichtes, in keiner Weise voreingenommen, denn sie besaßen keinerlei Kenntnis über das Phänomen und die Existenz vergleichbarer Fälle, ob nun bei Menschen oder Tieren. Doch sie stellten die lange bekannten Merkmale deutlich fest.

Dem Opfer fehlte nahezu sämtliches Blut. Auf seinem Körper fanden sich sehr präzise Schnittmerkmale. Sie wirkten wie von hochenergetischen Laserskalpellen erzeugt. Beim Betrachten der Aufnahmen fällt sofort auf, daß um die Körperbereiche, bei denen größere Hautpartien entfernt oder kreisrunde Löcher in das Fleisch geschnitten wurden, die Oberflächentönung außergewöhnlich dunkel ist: Die Wundränder waren nämlich kauterisiert, also bei großer

Hitze verkohlt, und auch das Umfeld wurde ganz offenbar von der Hitze angegriffen. Genau wie bei den Tieren waren einzelne Organe mit hoher Präzision entfernt worden, durch sehr kleine Öffnungen. Die Hoden waren über einen elliptischen Einschnitt abgetrennt, der Penis allerdings belassen worden. Auch der Bereich des Bauchnabels war herausgeschnitten. In den Armen des Mannes fanden sich symmetrische Löcher. Blutspuren gab es nur sehr geringfügig. Augen, Ohren und Zunge waren ebenfalls mit chirurgischer Präzision entnommen, die gesamte Mundhöhle ausgeschält worden. Der Kiefer war bis auf die Knochen säuberlich freigelegt, rund um den Mund, so daß auch die Lippen fehlten. Am Körper des Opfers wurden noch weitere, teilweise komplizierte Eingriffe und Schnittführungen vorgenommen.

Aus dem pathologischen Gutachten geht hervor, daß der Mann bereits achtundvierzig bis zweiundsiebzig Stunden lang tot gewesen sein mußte, dennoch gab es keine Anzeichen der Verwesung. Diese Retardation des Verfallsprozesses wurde auch bei im Zusammenhang mit UFO-Erscheinungen mutilierten Tieren festgestellt. Jedenfalls kann sie auf »natürliche« Weise nicht erklärt werden. Obwohl keine Betäubungsmittel im Körper des Toten nachgewiesen werden konnten, ließen sich keine Anzeichen eines Kampfes feststellen.

Mit diesem erstaunlichen Bericht werden wir natürlich auch hellhöriger, ob nicht einige weitere Gerüchte über verstümmelte Menschen einen wahren Kern haben.

Der Fall von Guarapiranga soll im übrigen nur einer von mindestens einem Dutzend ähnlicher sein. Im Amazonas-Gebiet sollen in den siebziger und achtziger Jahren Hunderte von Menschen auf unerklärliche Weise verletzt oder getötet worden sein. Wie Professor Schellhorn erklärt, kam es immer wieder zu Begegnungen mit außergewöhnlich kleinen UFOs von nur etwa sieben bis fünfzehn Zentimetern Größe (gelegentlich werden diese Objekte als »Telemeterscheiben« bezeichnet), die einen starken und heißen Lichtstrahl aussandten, wobei Opfer teils Verbrennungen und deutliche Blutverluste erlitten. Sind sie die Verursacher der Verstümmelungen? Das würde zumindest erklären, warum Farmer, die nach wiederholten Fällen von Tiertoden ihre Weiden umstellten, um Nachtwache zu halten, erfolglos blieben. Trotz genauester Beobachtung fiel ihnen nichts Außergewöhnliches auf, doch am nächsten Morgen gab es genau auf der überwachten Weide wieder ein totes Tier zu beklagen.

Wir wissen nicht, wer oder was letztlich hinter den grauenhaften Verstümmelungen steht. Der Zusammenhang mit UFO-Erscheinungen ist jedoch gut gesichert. Wir müssen feststellen, daß die Grausamkeit nicht einmal vor Menschen haltmacht, auch wenn die Zahl der Fälle hier viel geringer zu sein scheint als bei Tieren. Andererseits ist klar, daß in Anbetracht der Brisanz solcher Vorfälle das Interesse bestimmter Behörden gewiß höher sein wird, Publizität zu vermeiden. Mit anderen Worten: Sicherlich ist die Dunkelziffer bei den »Human Mutes« bedeutend größer als bei Tieren. Bis heute ist nicht klar, aus welchen Gründen diese unvergleichlich lebensverachtenden, brutalen Taten ausgeführt werden. Und mit Mutmaßungen ist letztlich niemandem geholfen.

Wir können bisher nur machtlos zusehen.

Wahrscheinlich dürfte es auch kaum möglich sein, Aktivitäten einer außerirdischen Lebensform nach unseren Maßstäben von Moral und Würde zu beurteilen. Was wir aber feststellen können, ist, daß um uns herum tatsächlich Dinge geschehen, die trotz, beziehungsweise gerade wegen ihrer Ungeheuerlichkeit totgeschwiegen, verdrängt, verleugnet und vertuscht werden, und daß dies auf Kosten gerade der zivilen Zeugen und Opfer geht. Wir können feststellen, daß

es ganz offenbar eine relativ kleine, aber um so mächtigere und informiertere Gruppe gibt, die genau über diese Vorgänge Bescheid weiß und sie aus unterschiedlichsten Gründen vor der Öffentlichkeit zurückhält. Von Mündigkeit keine Rede. Allerdings scheint doch langsam die Zeit gekommen, aufzuwachen und zu erkennen, daß zuviel vertuscht, verdeckt und vernebelt wird. Immerhin konnten in den vergangenen Jahren genügend Belege dafür gefunden werden.
Militär, Regierungen und Geheimdienste dürften dadurch einen ersten Druck spüren. Und irgendwann wird der Tropfen kommen, der das Faß der Geheimnisse schließlich zum Überlaufen bringt...

Literatur

Das folgende Verzeichnis stellt eine Auswahl interessanter, themenbezogener Veröffentlichungen vor, ohne Vollständigkeit für sich in Anspruch zu nehmen. Es beschränkt sich weitmöglichst auf deutschsprachige Literatur.

Bamford, James: »NSA. Amerikas geheimster Nachrichtendienst«, Zürich: Orell Füssli, 1986.

Bärwolf, Adalbert: »Die Geheimfabrik. Amerikas Sieg im technologischen Krieg«, München: Herbig, 1994.

Berlitz, Charles/Moore, William L.: »Der Roswell-Zwischenfall. Die UFOs und der CIA«, Wien – Hamburg: Zsolnay, 1980.

Brand Illo (= Illobrand von Ludwiger) (Hrsg.): »Strahlenwirkungen in der Umgebung von UFOs«, Bericht von der Herbsttagung 1977 in Ottobrunn, München: MUFON-CES, 1978.

Brand Illo (= Illobrand von Ludwiger): »Der Stand der UFO-Forschung«, Frankfurt/Main: Zweitausendeins, 1992.

Evans, Hilary: »Beweise. UFOs«, München: Knaur, 1988.

Fawcett, L./Greenwood, B.: »The UFO Cover-Up. What the Government Won't Say«, New York: Fireside, 1992.

Friedman, Stanton T.: »Abgestürzte Untertasse in der Ebene«, in: UFO-Kurier, Nr. 3, September/Oktober 1994, S. 16–24.

Friedman, Stanton T./Berliner, Don: »Der UFO-Absturz bei Corona. Die Bergung eines UFOs durch das US-Militär«, Rottenburg: Kopp, 1995.

Good, Timothy: »Jenseits von Top Secret. Das geheime UFO-Wissen der Regierungen«, Frankfurt/Main: Zweitausendeins, 1991.

Haley, Leah: »Meine Entführung durch Außerirdische und das US-Militär«, Rottenburg: Kopp, 1996.

Hopkins, Budd: »Eindringlinge. Die unheimlichen Begegnungen in den Copley Woods«, München: Droemer-Knaur, 1994.

Jacobs, David M.: »Geheimes Leben. Dokumentierte Berichte über Entführungen durch UFOs aus erster Hand«, Rottenburg: Kopp, 1995.

Koch, J./Kyborg, H.: »Nicht offiziell anerkannt. Desinformation zum UFO-Thema«, in: UFO-Kurier, Nr. 29, März 1997, S. 6–17.

Kopp, Jochen: »Der Bericht der U.S. Air Force über Roswell«, in: UFO-Kurier, Nr. 5, Januar/Februar 1995, S. 2.

Kopp, Jochen: »Ein Bericht voller Mängel und Probleme«, in: UFO-Kurier, Nr. 5, Januar/Februar 1995, S. 27–32.

Mack, John: »Entführt von Außerirdischen«, Essen – München – Bartenstein: Bettendorf, 1995.

Martín, Jorge: »Gibt es eine außerirdische Basis auf Puerto Rico?«, in: UFO-Kurier, Nr. 1, Mai/Juni 1994, S. 2–15.

Pratt, Bob: »Der Fall Varginha«, in: UFO-Kurier, Nr. 39, Januar 1998, S. 6–12.

Randle, K. D./Schmitt, D.: »Der UFO-Absturz bei Roswell«, Rottenburg: Kopp, 1996.

v. Rétyi, Andreas: »Wir sind nicht allein! Signale aus dem All«, München: Langen Müller, 1994.

v. Rétyi, Andreas: »Das Alien-Imperium. UFO-Geheimnisse der USA«, München: Langen Müller, 1995.

v. Rétyi, Andreas: »Dreamland: Der zweite Akt. Zur Vorgeschichte eines Rätsels«, in: Fiebag, J. (Hrsg.): »Das UFO-Syndrom«, München: Droemer-Knaur, 1996.

v. Rétyi, Andreas: »Die National Security Agency. UFO-Spitzengeheimdienst der USA?«, in: UFO-Kurier, Nr. 20, Juni 1996, S. 33–41.

v. Rétyi, Andreas: »Astronautensichtungen«, in: UFO-Kurier, Nr. 30, April 1997, S. 6–13.

v. Rétyi, Andreas: »Die NASA und das UFO-Geheimnis«, in: UFO-Kurier, Nr. 31, Mai 1997, S. 12–19.

v. Rétyi, Andreas: »Roswell – Ein Geheimnis wird 50«, in: UFO-Kurier, Nr. 32, Juni 1997, S. 6–15.

v. Rétyi, Andreas: »Die ultimative Lüge?«, in: UFO-Kurier, Nr. 34, August 1997, S. 16–23.

Schneider, Adolf: »Besucher aus dem All«, Freiburg i. Br.: Hermann Bauer, 1973.

Stringfield, Leonard: »Im Allerheiligsten der Geheimdienste und des U.S.-Militärs. UFO-Abstürze und deren Bergungen«, Rottenburg: Kopp, 1996.

Stringfield, Leonard: »Der Mosgrovesche Unterkiefer«, in: UFO-Kurier, Nr. 10, August 1995, S. 37–40.

Vallée, Jacques: »Dimensionen. Begegnungen mit Außerirdischen von unserem eigenen Planeten«, Frankfurt/Main: Zweitausendeins, 1994.

Vallée, Jacques: »Enthüllungen. Begegnungen mit Außerirdischen und menschlichen Manipulationen«, Frankfurt/Main: Zweitausendeins, 1994.

Vallée, Jacques: »Konfrontationen. Begegnungen mit Außerirdischen und wissenschaftliche Beweise«, Frankfurt/Main: Zweitausendeins, 1994.

Vallée, Jacques: »UFO Chronicles of the Sowjet Union. A Cosmic Samizdat«, New York: Ballantine, 1992.

Zeitschriften zum UFO-Thema (Auswahl):

Ancient Skies: Sprachrohr der »Ancient Astronaut Society« zum Thema »UFO-Kontakte früher Zeiten«. Zu beziehen über die Ancient Astronaut Society, Erich von Däniken, Postfach, CH-3803 Beatenberg.

JUFOF (Journal für UFO-Forschung): Mitteilungsheft der Gesellschaft zur Erforschung des UFO-Phänomens. Kritische Behandlung der Thematik. Postfach 2361, 58473 Lüdenscheid.

Unknown Reality: Magazin der UFO-Interessensgruppe (U.I.G.) Sandra Grabow, Mario Ringmann und Dirk Renner. Behandelt einen weiten Bereich der Thematik. Erhältlich bei U.I.G., Warschauer Str. 36, 15234 Frankfurt/Oder.

UFO-KURIER: Umfassende Informationen über das UFO-Thema mit Beiträgen bedeutender Autoren auch aus dem Ausland (vorwiegend USA). Hohe Aktualität durch monatliche Erscheinungsweise. Erhältlich über: Verlag Jochen Kopp, Hirschauer Str. 10, 72108 Rottenburg.